谭先◎编著

从入门到精通

行业应用

# AI教育

U0361145

清华大学出版社

北京

## 内容简介

本书深度剖析了人工智能（AI）教育的定义、发展历程与未来发展趋势，展示了 AI 如何革新课堂及促进教育行业智能化应用。书中探讨了教师角色转变与教学创新、学生自主学习模式的变革，以及家庭教育中 AI 的新角色。同时，聚焦 K-12 至高等教育的 AI 应用案例，介绍了教育大模型与智能体的实践，并指出如何选择主流 AI 教育工具。最后，分析政策支持与面临的挑战，助力读者全面拥抱 AI 教育新时代。

本书内容讲解精辟，实例丰富有趣，图片精美丰富，适合广大教育工作者、教育技术研究人员、教育企业从业者、教育应用开发者、学生、家长，以及教育政策制定者阅读。此外，本书还可以作为师范类职业院校和培训机构的参考教材。

**图书在版编目（CIP）数据**

AI 教育行业应用从入门到精通 / 谭先编著. -- 北京：清华大学出版社，2025.4.

ISBN 978-7-302-68689-7

Ⅰ. G40-057

中国国家版本馆 CIP 数据核字第 20252NU165 号

责任编辑：张　瑜
装帧设计：杨玉兰
责任校对：徐彩虹
责任印制：宋　林
出版发行：清华大学出版社
　　　　　网　　　址：https://www.tup.com.cn, https://www.wqxuetang.com
　　　　　地　　　址：北京清华大学学研大厦 A 座　　　邮　　编：100084
　　　　　社 总 机：010-83470000　　　　　　　　　　邮　　购：010-62786544
　　　　　投稿与读者服务：010-62776969, c-service@tup.tsinghua.edu.cn
　　　　　质量反馈：010-62772015, zhiliang@tup.tsinghua.edu.cn
印 装 者：三河市少明印务有限公司
经　　销：全国新华书店
开　　本：170mm×240mm　　　印　　张：14.25　　　字　　数：310 千字
版　　次：2025 年 4 月第 1 版　　　　　　　　　　印　　次：2025 年 4 月第 1 次印刷
定　　价：59.80 元

产品编号：107207-01

# 序言

## 把握 AI 时代脉搏，共同开创教育事业的美好未来

在科技日新月异的今天，人工智能作为引领未来发展的重要力量，正以前所未有的速度改变着我们的生活与工作方式，其中教育领域的变革尤为显著。随着 AI 技术的不断成熟和应用场景的持续拓展，AI 教育市场正迎来前所未有的发展机遇。

AI 教育市场涵盖了 K-12 教育、高等教育、职业教育等多个细分领域，每个领域都展现出独特的增长潜力和创新活力。例如，在线教育、智慧校园、智慧教室等细分市场均呈现出蓬勃发展的态势。

同时，政府高度重视数字教育的发展，将智慧教育纳入国家信息化整体发展战略中，并出台了一系列政策措施，以推动 AI 教育的普及与应用。这些政策不仅为 AI 教育提供了坚实的制度保障，也为其快速发展营造了良好的外部环境。

AI 不仅能够为学生提供个性化的学习体验，而且能够帮老师提高教学效率和教学质量，还能够促进教育资源的均衡分配，推动教育公平的实现。然而，对于很多人来说，AI 教育仍然是一个相对陌生的领域，存在着认知上的盲区和操作上的困惑。因此，我决定撰写这本书，旨在通过深入浅出的讲解和丰富的案例分析，帮助读者快速入门并精通 AI 教育。

本书共分为 10 章，从 AI 教育的定义、发展历程与未来发展趋势入手，逐步深入到 AI 在教育行业的智能应用场景、教师角色的转变与教学策略的创新、学生自主学习方式的变革、家庭教育中 AI 的新角色等多个方面。同时，本书还详细介绍了 AI 在 K-12 教育、高等教育及教育大模型应用等方面的实践案例，并提供了主流 AI 教育工具与平台的选择指南。通过这些内容，我希望能够为读者构建一个全面、立体、生动的 AI 教育知识体系。

在撰写本书的过程中，我深感 AI 教育的魅力与潜力，它不仅能够改变传统的教育模式和教学方法，更能够激发学生的创造力和创新精神，培养未来社会所需要的高素质人才。

本书特色如下。

❶ **4 份超值大赠送，配套资源丰富**：为了给读者带来前所未有的学习体验，本

书精心准备了 4 份超值大赠送，这些资源包括详尽的教学视频、效果文件，让您全方位了解 AI 教育的魅力；同时，本书还提供了丰富的链接资源及 AI 提示词，助您轻松掌握 AI 教育应用的精髓，一跃成为行业高手！

❷ **30 多个工具，解析前沿技术：** 本书深入解析了 30 多个当前最热门的 AI 教育类工具和应用，包括但不限于 ChatGPT、Kimi、通义、文心一言、豆包、MathGPTPro、腾讯智影等。通过本书的学习，您将能够全面了解 AI 技术的最新动态，掌握最前沿的技术工具，共同推动教育事业的进步与发展。

❸ **80 个案例，实战应用导向：** 为了让读者更好地将理论知识转化为实际操作，本书精选了 80 个实战应用导向的 AI 教育案例，这些案例不仅代表了 AI 技术在教育行业的最新应用成果，更蕴含了成功背后的智慧密码。

总之，本书是一本集理论性、实践性、前瞻性于一体的力作，它不仅是一本关于 AI 教育的入门指南，更是一本能够帮助读者精通 AI 教育的实用手册。我相信，通过对本书的阅读与学习，每一位读者都能够在 AI 教育的道路上迈出更加坚实而有力的步伐。

## ■ 温馨提示

❶ **版本更新：** 本书在编写时，是基于当前各种 AI 工具和网页平台的界面截取的实际操作图片，但从编辑到出版需要一段时间，这些工具的功能和界面可能会有变动，因此在阅读时，请根据书中的思路，举一反三，进行学习。

❷ **提示词：** 也称为文本提示（或提示）、文本描述（或描述）、文本指令（或指令）、关键词或"咒语"等。需要注意的是，即使是完全相同的提示词，AI 模型每次生成的文案、图像或视频效果也会有差别，这是模型基于算法与算力得出的新结果是正常的，所以当大家看到书里的截图与视频有所区别，包括大家用同样的提示词自己再制作时，呈现的效果都会有差异。

## ■ 资源获取

如果读者需要获取书中案例的素材、效果、视频或其他资源，请使用微信"扫一扫"功能扫描下列对应的二维码即可。

效果

其他资源

## ■ 作者售后

本书由谭先编著。参与编写的人员还有谭贤、苏高、胡杨等人，在此表示感谢。由于编者知识水平有限，书中难免有疏漏之处，恳请广大读者批评、指正，若需沟通和交流请联系微信：2633228153。

编　者

# 目录

# 第1章

## 探索 AI 教育:
## 定义、发展与未来趋势

随着人工智能（Artificial Intelligence，AI）技术的飞速发展，教育领域正经历着前所未有的变革，AI 正在重新定义传统教育模式，为个性化学习和教学创新提供新的动力。本章将深入探讨 AI 教育的核心概念，从其定义出发，回溯其发展轨迹，并展望未来的发展趋势。

# 1.1　AI 教育的定义与发展

教育是人类文明传承和发展的基石，而技术的进步则不断地推动着教育模式的革新。如今，人工智能作为一项前沿技术，已经开始在教育领域扮演着越来越重要的角色。人工智能技术与教育行业的结合，产生了新的教育模式——AI 教育。

本节主要介绍 AI 教育的基本概念，为读者提供对 AI 教育的清晰定义，并概述其从概念到实践的演进历程。

## 1.1.1　人工智能的定义

人工智能是计算机科学的一个分支，它致力于创建能够执行通常需要人类智能的任务的系统，这些任务包括但不限于语言理解、学习、规划、问题解决、知识表示、感知、运动和操作物体。

人工智能的定义可以进一步细化为以下几个不同的层面。

❶ 符号主义 AI：侧重于使用符号和规则系统来模拟人类的思维过程。

❷ 机器学习：作为 AI 的一个子集，侧重于从数据中学习模式，并通过算法来改进其性能。

❸ 深度学习：作为机器学习的一个子领域，使用类似于人脑的神经网络结构来处理复杂的数据。例如，生成式人工智能（Artificial Intelligence Generated Content，AIGC）中的许多先进模型，都是基于深度学习技术构建的。例如，Stable Diffusion 就是一个典型的生成式 AI 模型，可以生成各种绘画作品，相关示例如图 1-1 所示。

图 1-1　Stable Diffusion 生成的绘画作品示例

❹ 自然语言处理（Natural Language Processing，NLP）：AI 的一个分支，专注于使计算机能够理解和生成人类语言。例如，NLP 技术使得机器能够将一种语言翻译成另一种语言，广泛地应用于跨语言交流领域。图 1-2 所示为百度的 AI 大模型翻译功能，主要基于人工智能技术实现自然语言处理和机器学习翻译。

图 1-2　百度的 AI 大模型翻译功能

❺ 计算机视觉：使计算机能够从图像或多维数据中解释和理解视觉信息。

❻ 机器人学：结合 AI 技术，使机器人能够执行各种任务，包括感知环境、作出决策和自动控制。

## 1.1.2　人工智能教育的发展历程

从 20 世纪末智能教学系统的诞生，到 21 世纪初 AI 辅助教育的兴起，再到 2023 年 AIGC 技术的爆发，教育技术经历了跨越式发展。

2023 年，AIGC 技术迎来了发展的黄金时期，通用大模型成为这一时期的焦点。这些模型不仅在技术上取得了突破，更在实际应用中展现了巨大的潜力。仅一年时间，AIGC 技术已经从单纯的展示能力，转变为在各行业中寻找落地点，尤其是教育行业，因其对个性化教学的内在需求与 AIGC 技术的专长不谋而合。

到了 2024 年，AIGC 技术在教育领域的应用已经更加深入和广泛。教育科技公司、智能硬件公司和模型层面的公司等，都在积极探索如何将 AIGC 技术与教育深度融合，以实现更加精准和高效的教学效果。

教育技术的发展历程可以概括为以下几个阶段。

❶ 20 世纪末：智能教学系统的兴起。在计算机技术日益成熟的 20 世纪末，智能教学系统应运而生，这标志着教育技术领域迈出了个性化和自动化的重要一步。这些系统通过分析学生的学习行为，能够提供定制化的教学内容，促进了教育的个性化

发展。图 1-3 所示为多媒体教学系统，即通过计算机来辅助教学，可以看作是 AI 教育的雏形。

图 1-3　多媒体教学系统

❷ 21 世纪初：AI 辅助教育和智能教育平台的发展。进入 21 世纪，人工智能技术在教育领域的应用不断深入，AI 辅助教育的概念应运而生。AI 技术不仅可以帮助教师进行教学设计和课堂管理，还能通过智能分析了解学生的学习数据，提供个性化的教学建议和资源。智能教育平台的普及，为在线学习、协作和评估提供了强大的支持。同时，这些平台利用 AI 技术进行个性化学习路径推荐，极大地增强了学习的互动性和灵活性。

随着 AIGC 技术的不断进步与教育行业的深度融合，我们可以预见，未来的教育将更加智能化、个性化，有望为每个学习者提供最适合他们的学习方式。

## 1.1.3　人工智能在教育领域的应用前景

随着人工智能技术的不断进步，其在教育领域的应用前景也日益广阔，极大地改变了传统的教育模式。下面是对人工智能在教育领域应用前景的相关分析。

❶ 个性化教育成为可能。AI 能够根据每个学生的学习习惯、学习能力和学习进度，定制个性化的学习计划和智能辅导，从而满足不同学生的个性化需求。

❷ 智能化评估系统的应用将大大提高教育效率。自动化的考试批改和学习成绩分析不仅减轻了教师的工作负担，也为学生提供了即时的反馈，帮助他们更好地掌握知识点。

❸ 虚拟现实技术与人工智能的结合，为学生提供了沉浸式的学习体验和实践操

作模拟的机会，这种教学方式尤其适用于医学、工程等需要高度实践操作的领域。

❹ AI 导师的引入，为学生提供了更加精准的个性化指导和学习建议。AI 导师能够根据学生的学习表现和行为，提供定制化的学习路径和策略，避免学生盲目学习，从而实现更高效、更见效果的学习目标。

在应用领域，人工智能技术在学校教育中的应用包括智能课程设计和个性化学习，这使得教学内容更加贴合学生的实际需要，提高了教学效果。

## 【案例 1】清华大学创新实践：专属大模型助力教学场景智能化

清华大学作为我国高等教育的领军者，在人工智能领域不断地探索和实践，致力于将人工智能技术应用于教学，推动教育模式的创新。近期，清华大学人工智能赋能教学试点项目引起了广泛关注。

清华大学在人工智能赋能教学方面采取了一系列创新举措。学校利用自主研发的千亿参数大模型 GLM4 作为技术基础，开展 8 门课程的试点工作。学校通过微调这一模型，形成了适应不同课程需求的垂直领域模型，开发了专属的人工智能助教。这些助教能够实现范例生成、自动出题、答疑解惑、运算推理、评价引导等功能，极大地提高了教学效率和学生的学习体验。

图 1-4 所示为基于 GLM4 模型开发的智谱清言，该 AI 工具支持多轮对话，具备内容创作、信息归纳总结等能力，同时具有长文档解读、AI 搜索、AI 画图和数据分析等功能。

**图 1-4　基于 GLM4 模型开发的智谱清言**

此外，清华大学在人工智能教育领域的探索不局限于技术层面。2024 年 4 月，清华大学宣布成立人工智能学院，标志着清华大学在人工智能领域的发展进入了新的阶段。人工智能学院将聚焦"人工智能核心基础理论与架构"和"人工智能 + X"两个重点方向，致力于培养顶尖的人工智能人才，推动人工智能技术的原始创新。

在试点课程中，清华大学已经取得了显著成效。例如，在"化工热力学"课程中，智能助教系统已经完成初步开发，并在学期末课程大作业中作为辅助工具被使用。学生们对智能助教给予了高度评价，认为其在内容准确性、结构清晰易懂度、认同程度和帮助性方面，相较于通用大模型甚至真人助教都更具优势。

清华大学在 2024 年开展了多门人工智能赋能教学试点课程，利用人工智能辅助或深度介入课程，打造人工智能助教、人工智能教师，持续创新教学场景，提升教与学的效率与质量。这一系列举措将为高等教育的创新与发展注入新活力，助力推进我国教育数字化。

清华大学在人工智能赋能教学试点项目中取得了积极进展，通过技术创新和教育教学模式的探索，为我国高等教育的发展提供了新的思路和实践案例。未来，随着人工智能技术的不断发展和应用，我们有理由相信，清华大学将在教育领域发挥更大的引领作用，为培养高素质的人工智能人才、推动教育现代化作出更大贡献。

另外，在在线教育领域，人工智能的自适应学习系统可以根据学生的学习进度和理解程度，动态地调整教学内容和难度，实现真正的个性化在线学习。在职业培训领域，人工智能技术可以帮助员工快速提升专业技能，并通过智能评估系统对学习成果进行有效评价，以适应不断变化的职业需求。

总体来看，人工智能在教育领域的应用前景广阔，它不仅能够提高教育的个性化和效率，还能够为学生提供更加丰富和深入的学习体验。随着技术的不断发展，我们有理由相信，人工智能将成为推动教育创新的重要力量。

# 1.2　AI 教育的目标与意义

教育是培养未来社会栋梁的重要领域，因此在教育领域引入 AI 技术不仅是大势所趋，更是教育创新的必然选择。本节将深入探讨人工智能在教育领域的深远影响，明确其发展目标，并阐释其对教育现代化及人才培养的重要意义。

## 1.2.1　培养学生的创新思维

在教育的新时代，AI 教育正成为培养学生创新思维的重要途径。AI 教育不仅是一种技术教学，更是一种全新的教育模式，它通过引导学生主动探索和积极创新，激发学生的创造力和解决问题的能力。

AI 教育的核心在于培养学生的创新思维。通过接触与学习人工智能的基本原理和技术，学生能够更好地理解复杂问题的解决策略，学会从不同角度审视问题，并提出创新的解决方案。AI 教育鼓励学生超越传统的思维模式，培养独立思考的习惯。

AI 教育的实施，使得学生能够在数据驱动的学习环境中成长，这里充满了算法模型、虚拟现实技术和增强现实技术。这些技术的应用，不仅丰富了教学内容，也使得学习过程更加生动和直观。例如，学生可以通过虚拟现实技术体验太空行走，或是通过增强现实技术更直观地完成实验，这些都是传统教育方法难以实现的。

另外，AI 教育还推动了教育生态的变革。在智能技术的辅助下，教学的各个环节——包括教学、练习、考试、评价和管理，都变得更加精准和高效。这种变革不仅提升了教师的教学质量，也让学生能够更深入地参与学习过程，更好地实现个性化学习。

【案例2】北京邮电大学：大模型赋能的智能编程教学应用平台

北京邮电大学推出了名为"码上"智能编程教学应用平台，该平台由 EZCoding 雏雁/大创团队自主研发和运营。"码上"利用讯飞星火大模型和北京邮电大学自主研发核心技术，为学生提供实时的、个性化的编程辅导服务，同时还为教师提供高效的教学支持服务，如图 1-5 所示。

图 1-5　"码上"智能编程教学应用平台

"码上"平台的主要特点如下。

❶ 个性化编程辅导：通过"5+N+！+？"智能辅导流程，实现启发式辅导和对话式答疑，帮助学生独立发现并解决问题。

❷ 教学管理功能：提供课程、班级和学生管理功能，支持教师个性化定制教学模式。

❸ 多语言支持：除了 C、C++、Python 等编程语言外，还新增了对 Javascript 的支持。

❹ 教学实验：北京邮电大学已启动基于"码上"的大规模教学实验，邀请教师和学生共同探索大模型赋能编程教学的路径。

在北京邮电大学，AI 教育的实践已经深入编程教学中。通过"码上"平台的应用，学生的创新思维得到了显著的培养和提升。

"码上"平台的"5＋N＋！＋？"智能辅导流程，通过 5 轮启发式辅导，引导学生自主思考和解决问题。这种教学模式不仅提高了学生的编程能力，更重要的是激发了他们的创新思维。学生在面对编程难题时，不再是被动接受答案，而是在 AI 的引导下，学会从不同角度分析问题，并提出解决方案。

另外，"码上"平台的教学管理功能为教师提供了强大的支持，使他们能够根据学生的个性化需求，灵活调整教学策略和内容。这种教学模式的实施，让学生在掌握编程技能的同时，也能够培养其独立思考和创新解决问题的能力。

北京邮电大学通过"码上"平台开展的大规模教学实验，进一步推动了 AI 教育与创新思维培养的深度融合。教师和学生的积极参与，不断探索大模型赋能编程教学的新路径，为高等教育领域提供了宝贵的经验和启示。

**专家提醒**

"5＋N＋！＋？"智能辅导流程是北京邮电大学"码上"平台采用的一种创新教学辅导方法，专为编程教学设计，以提高学生的编程能力和创新思维。下面是"5＋N＋！＋？"智能辅导流程的具体含义。

❶ 5：代表 5 轮启发式辅导，这是一个标准化的辅导过程，旨在引导学生通过一系列步骤，从不同角度审视问题，从而帮助他们自行发现并解决编程中的错误。

● 第 1 轮：智能审题，AI 解读题目并指出常见的正确解决思路。

● 第 2 轮：代码分析，AI 分析学生的错误代码，让学生对照正确思路自行发现设计上的错误。

● 第 3 轮：关键点拨，AI 从宏观层面指出代码的问题和错误，但不直接给出修改建议。

● 第 4 轮：详细指导，AI 指出代码的具体问题并提供详细的修改建议。

● 第 5 轮：正确代码，AI 给出修改后的正确代码，并提供代码比对功能。

❷ N：代表多轮对话式答疑，这是一个开放式的交流环节，学生可以继续提问，AI 有问必答，通过多轮对话实现更深入的讨论和辅导。

❸！：代表知识点提示与个性化学习建议，完成问答后，AI 会分析问题所对应的课程知识点，并给出个性化的学习建议。

❹？：代表求助教师，对于 AI 无法解决的难题，学生可以请求教师的帮助。教师或助教收到通知后，会及时提供有针对性的指导。

由此可见，整个"5＋N＋！＋？"智能辅导流程是一个结合了人工智能和人类教师优势的混合式教学模式，旨在通过智能化辅导和个性化反馈，促进学生的主动学习和创新思维的培养。

## 1.2.2　提升学生的信息素养

在信息爆炸的时代，能够有效地处理和分析信息是至关重要的。AI 教育教给学生如何利用智能工具进行数据挖掘、分析和解释，从而提高他们对信息的敏感度和处理能力。例如，北京师范大学发布的《青少年人工智能素养核心框架》指出，青少年的 AI 素养应包含认知、能力及安全与伦理三个方面。

❶ 青少年需要培养对 AI 的基本认知，包括信息意识、注意力管理、信息搜索利用、信息效能感、AI 理解及判断。这些认知能力是信息素养的基础，能够帮助学生从海量信息中筛选和利用有价值的内容。

❷ 计算思维、数字化学习与创新、信息分析评价、人机协作等能力是青少年在 AI 时代必须掌握的关键技能。这些能力不仅能够提升学生的技术应用水平，还能培养他们的创新思维。

❸ 信息安全与隐私保护、信息价值认知与行为是青少年 AI 素养中不可或缺的安全与伦理维度。在数字化社会，保护个人信息安全和培养正确的信息价值观对青少年的健康成长至关重要。

北京师范大学的《新时代数字青年网络素养调查报告（2023）》显示，大学生网络素养整体平均得分为 3.67 分（满分 5 分），青少年及初中生得分为 3.56 分，均略高于及格线，但提升空间仍然很大。这表明，我们需要从多方面着手，提升青少年的网络素养。

要想提升青少年的网络素养，需要培养他们的系统思维，包括信息捕捉、遴选、集成与决策能力，以及人机协同中的应用与共处的能力。此外，还需要构建一个协同培育、共同发展的过程，让社会多元主体协同完成这一任务。其中，信息素养是网络素养中非常关键的一环，它是指个体能够高效地定位、评估、管理和创造信息的能力。AI 教育的实施，正成为提升学生信息素养的重要途径。

在 AI 教育背景下，学生可以通过以下几个方面来提高自己的信息素养。

❶ 数据意识的培养：AI 教育强调数据的重要性，学生在接触数据分析、挖掘和

可视化的过程中，能够逐渐培养起对数据的敏感性和批判性思维。

❷ 技术工具的掌握：AI 教育提供了丰富的技术工具和平台，学生通过学习和使用这些工具，如编程软件、模拟实验平台等，能够极大地提高自己获取、处理和分析信息的能力。

❸ 信息获取能力的增强：通过 AI 辅助的个性化学习路径，学生能够更有效地搜索和筛选信息，快速获取最符合自己学习需求的资源。

❹ 信息评估与分析：AI 教育鼓励学生对获取的信息进行评估和分析，培养他们辨别信息真伪和价值的能力。

❺ 创新与创造：AI 技术为学生提供了广阔的创造空间，使他们可以利用 AI 工具进行创新实验，如编写智能程序、开发新应用等，这有助于提升学生的创造能力。

## 1.2.3　拓展学生的职业发展机会

随着 AI 技术的广泛应用，AI 教育不仅成为中小学阶段的重要教学内容，更在职业教育领域展现出独特的价值和潜力，为学生的职业发展提供了广阔的空间。随着人工智能技术的广泛应用，各行各业对 AI 技能的需求日益增加。掌握 AI 相关知识和技能，可以帮助学生在未来的职业生涯中拥有更多选择和更强竞争力。

由德勤发布的《全球教育智能化发展报告》中指出，人工智能技术正在推动教育信息化的快速发展，未来人工智能教育应用的发展将由数据驱动、应用深化、融合创新、优化服务等方式持续推动。这不仅为学生提供了更多的学习机会，也为他们的职业生涯开辟了新的道路。

在职业教育领域，许多职业院校已经开始调整专业结构、创新教学方法，以适应人工智能时代对高素质技能人才的新需求。例如，北京电子科技职业学院增设了人工智能技术应用专业，以满足人工智能人才市场的巨大需求。这些院校通过增设相关专业、建设实训室和产学研平台，为学生提供了实践和就业的机会。

面对 AI 技术带来的挑战和机遇，教育工作者和决策者需要在更广泛的学习背景下理解人工智能，并探索其在教育领域的应用。通过不断地优化课程设置、加强师资培训、建立实践平台等措施，可以为学生提供更加宽广的职业发展舞台，帮助他们适应未来社会的需求，实现个人价值和社会价值的双重提升。

# 1.3　AI 教育的国内外现状

在全球化的浪潮中，AI 教育正成为国际竞争的新焦点。从美国的 STEM 教育到中国新一代人工智能的发展规划，AI 教育在不同国家展现多样化的发展态势。在国内，随着政策的推动和市场需求的增长，AI 教育正迅速融入各级学校课程中，旨在培养学生的创新能力和技术素养。

在国际上，AI 教育的实践和研究也在不断深入，探索如何更好地整合 AI 技术于教育体系之中。本节将介绍 AI 教育的国内外现状，带大家从宏观的视角来看 AI 教育。

## 1.3.1 国内 AI 教育现状与实践案例

教育与技术的融合历史悠久，自 20 世纪 90 年代互联网诞生以来，我们见证了在线教育的诞生。进入 21 世纪，智能系统的融入使得自适应学习在国际上成为教育创新的焦点。自 2010 年起，人工智能技术的突破，尤其是知识图谱等先进工具的应用，进一步推动了教育领域的发展。

在教育发展的每个重要时期，技术都扮演着解决问题的关键角色。当前，随着 AIGC 的兴起，技术与教育的深度整合正在重新定义教育的核心参与者——教师和学生。人工智能以智能体的形式，成为教师和学生日常工作及学习的新伙伴，不仅提供教学支持，还在根本上转变了他们的教学模式和学习模式。

图 1-6 所示为文心一言"智能体广场"页面中的相关智能体，这些智能体不仅可以提升用户的创作效率，还可以提供各种垂直领域的知识。

**图 1-6  文心一言"智能体广场"页面中的相关智能体**

随着 AI 技术的融入，科技企业在教育领域的影响力日益增强，生成式 AI 技术成为市场竞争的新高地。在国内，政府高度重视 AI 教育的发展，并将其作为建设创新型国家和世界科技强国的重要举措。

从政策引导到课程设置，再到师资培养，中国正在全面推进 AI 教育的深入落实。特别是在职业教育领域，AI 教育被视为提升学生职业技能和就业竞争力的关键。下面是 AI 教育的国内现状与一些实践案例。

❶ 政策支持与战略部署：中国政府高度重视 AI 教育的影响，通过《新一代人工智能发展规划》（由国务院于 2017 年 7 月 8 日印发并实施）等政策文件，明确利用智能技术推动教育变革。

❷ 高校 AI 教育实践案例：教育部公布了首批 18 个"人工智能＋高等教育"应用场景典型案例，涉及 AI 在教学、评测、管理等多方面的应用。

**【案例 3】北京师范大学：基于人工智能的课堂教学评测系统**

在国内，AI 教育的探索与实践正日益深化，其中，北京师范大学的基于人工智能的课堂教学评测系统便是一个典型案例。该系统整合了计算机视觉、自然语言处理、集成学习和统计建模等技术，构建了一个全面的教学评估框架，能够实时监测与分析教师和学生在课堂上的行为，以及教学内容和组织形式，如图 1-7 所示。

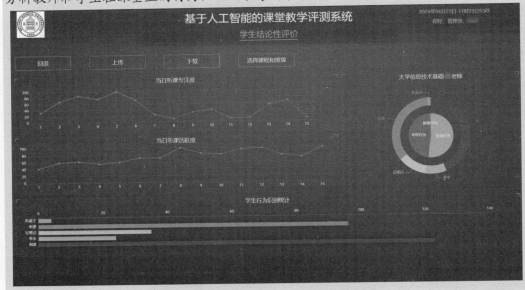

**图 1-7 基于人工智能的课堂教学评测系统**

北京师范大学的人工智能学院电子楼 102 教室，作为智慧教室的代表，部署了这套基于人工智能的课堂教学评测系统。它通过智能摄像头、高级服务器、智能音响和投屏等设备，实现了教室内的互联互通；同时配合智能管理系统，能够实时监控教学情况，提供个性化的教学服务。

　　基于人工智能的课堂教学评测系统，不仅能够对教师的教学风格和学生的专注度进行量化评估，还能够对教学知识点进行多维度的分析和可视化展示。这一创新方法旨在克服传统教学评价的不足，实现更加精确和及时的教学监控，从而辅助教师进行课后的精准教研。

　　北京师范大学的实践案例不仅在本校得到了应用，还计划扩展到更多高校及跨校区应用，以促进课堂教学质量的持续提升。北京师范大学及其人工智能学院将继续加强研究与交流，结合实际深化"人工智能＋高等教育"的探索和实践，以人工智能技术辅助，推动教育教学评价创新，不断提升人才培养的质量。

　　❸ AI 技术在教学中的应用：AI 技术已被应用于教学管理的各个环节，包括智能评测、个性化学习路径推荐等，以提高教育质量和效率。

　　❹ 国家中小学智慧教育平台：该平台拥有丰富的资源，促进了优质教育资源在全国范围内的共享，其中涵盖了 AI 教育的相关内容。图 1-8 所示为国家中小学智慧教育平台上的人工智能相关课程。

图 1-8　国家中小学智慧教育平台上的人工智能相关课程

　　❺ 未来技术学院建设：中国正在建设未来技术学院等教育机构，专注于 AI 等战略性新兴领域的人才培养。

　　❻ 数字经济相关专业开设：职业教育领域中有 6000 多所职业学校开设了数字经济相关专业，以满足数字经济发展对人才的需求。

　　腾讯与华东师范大学、中国教育科学研究院联合发布的《2022 人工智能教育蓝皮书》显示，国内的学校管理层普遍积极推进人工智能课程，认为人工智能课程具有广阔的应用前景。然而，相关的教师数量较少，且多数教师认为自己的专业知识和能力一般，需要进行系统培训。这表明，尽管 AI 教育的前景被看好，但在实施过程中仍面临诸多挑战，如教师专业能力的培养和课程体系的完善。

## 1.3.2  国外 AI 教育模式与课程体系

国外 AI 教育行业正在迅速发展，各国政府和教育机构高度重视人工智能技术在教育领域的应用，并积极探索与之相应的教育模式和课程体系。人工智能技术在教育领域的应用日益成熟，不仅能辅助教师进行教学管理，还能替代部分教学职能。

国外 AI 教育强调实践和应用、跨学科融合，以及开放和共享。尤其是美国、英国等国家在中小学 AI 教育方面起步较早，形成了较为完善的课程体系和教育模式，注重培养学生的计算思维和创新能力。

例如，美国在 AI 教育上强调全民化培养，组建多元化人才队伍，并将专业跨度拓展到科学、技术、数学和工程等多个学科领域。同时，国外高校和科研机构倾向于将自己的研究成果和数据开放给全球研究者使用，有效地促进了全球 AI 技术的发展和应用。

在国际上，许多国家已经将 AI 教育纳入国家战略，通过政策支持和资金投入，推动 AI 教育的发展。国外 AI 教育的课程体系涵盖了从基础到高级的各个层次。例如，一些发达国家在中小学阶段就开始引入编程和计算思维教育，为学生打下坚实的技术基础。同时，高等教育机构也在积极开设 AI 相关的专业和课程，培养高水平的AI 研究和应用人才。

例如，美国的 AI 课程体系包括面向全民的基础教育课程、高等教育中的专业核心课程，以及针对特定学科领域的进阶课程。另外，还有针对特定行业应用的课程，如产教融合课和科教融汇课，这些课程旨在结合实际产业和科研问题，提供实训和实战经验。

### 【案例 4】亚利桑那州立大学：与 OpenAI 合作推进 AI 教育实践

亚利桑那州立大学（Arizona State University，ASU）与 OpenAI 建立了技术合作伙伴关系，这标志着高等教育机构在人工智能领域的一次重要探索。从 2024 年 2 月起，亚利桑那州立大学成为首批为所有学生提供 ChatGPT 企业版使用权限的大学之一，主要用于学习、课程作业和学术研究等方面。

亚利桑那州立大学校长迈克尔·M.克劳（Michael M. Crow）表示，他们对生成式 AI 和增强型 AI 的长期存在持乐观态度，并认为这些技术将成为帮助学生学习和理解课程的强大工具。此次合作体现了亚利桑那州立大学直接参与人工智能学习技术发展的理念和承诺。

亚利桑那州立大学首席信息官列夫·戈尼克（Lev Gonick）强调，通过与 OpenAI 的合作，亚利桑那州立大学将利用 ChatGPT 企业版的先进功能来提高学习效率、创造力和学生成绩，同时注重数据安全和用户隐私保护。

为了帮助学生更好地利用 ChatGPT，亚利桑那州立大学开设了名为 Prompt Engineering（提示工程）的课程，教授学生如何精准地向 ChatGPT 提问以获得优质答案。此外，亚利桑那州立大学还将邀请教职员工提供意见，以扩大 ChatGPT 的应用案例和业务范围，进一步提升学习效率和教育模式。图 1-9 所示为通过使用提示词在 ChatGPT 中完成数据题目。

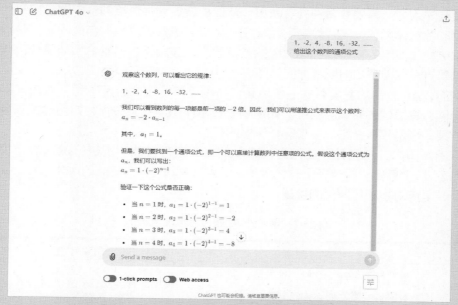

**图 1-9 在 ChatGPT 中完成数据题目的相关示例**

亚利桑那州立大学与 OpenAI 的合作建立在亚利桑那州立大学对探索人工智能的承诺之上，包括亚利桑那州立大学的"知识企业"领导的开创性研究活动，以及 2023 年宣布的人工智能加速项目，旨在创造下一代人工智能工具。

此次合作还特别关注了数据安全和用户隐私，亚利桑那州立大学社区向 ChatGPT 输入的任何指令（也称为提示词）都是安全的，OpenAI 不会将这些数据用于训练模型。OpenAI 首席运营官布拉德·莱特卡普（Brad Lightcap）表示，该公司热衷于向亚利桑那州立大学学习，并致力于扩大高等教育机构对 ChatGPT 的使用。

总的来说，国外 AI 教育的未来趋势将更加细化，更加依赖数据，并面临更多挑战。教育机构需要开展数据治理，加快数据安全、隐私保护、伦理等相关立法，推进算法治理，促进 AI 教育的良性发展。

### 1.3.3 国内外 AI 教育的比较分析

随着技术的飞速发展，AI 教育逐渐成为全球教育领域关注的焦点，不仅关系到国家未来的竞争力，更关系到每个人能否适应这一变革。在这场智能化浪潮中，各国纷纷出台战略规划，将 AI 教育上升至国家战略层面，以培养具备 AI 素养的新时代人才。

中国作为人工智能技术的先驱之一，正通过顶层设计与政策引导，加速 AI 教育的普及与深入。从基础教育到高等教育，从课程设置到师资培训，中国正构建一套完整的 AI 教育体系，以实现教育现代化和人才培养的双重目标。与此同时，美国等西方国家依托其深厚的科研基础和灵活的教育体制，鼓励跨学科融合和创新教育模式，以培养具有全球视野和创新精神的 AI 人才。

然而，AI 教育的发展并非一帆风顺，技术受限、资源分配不均、教育不平等问题成为制约其发展的瓶颈。另外，如何平衡技术应用与人文关怀，如何确保教育的质量和效果，也是教育者和决策者需要深思的问题。

下面对国内外（国外以美国为代表）的 AI 教育行业状况进行深入的比较与分析，如表 1-1 所示，探讨在全球化背景下，如何通过 AI 教育推动人才培养，促进教育创新，以应对智能化时代的挑战。

**表 1-1　国内外 AI 教育的比较与分析**

| 对比维度 | 中国 AI 教育 | 美国 AI 教育 |
| --- | --- | --- |
| 政策支持 | 政府高度重视 AI 教育的发展，并将其纳入国家战略层面，如在《新一代人工智能发展规划》中明确提出，要建设人工智能学科，并在高中阶段推广人工智能课程 | 政策支持体现在各州和地方政府的自主性上，鼓励多样化的课程设计和创新教育方式的整合 |
| 课程体系 | 在中小学阶段已经开始推广人工智能课程，如上海、北京等地区将人工智能教学纳入教育体系，并在 345 所高校设立了人工智能专业 | 在高等教育阶段有较为突出的优势，许多大学增设了与人工智能相关的课程和专业，注重跨学科的课程设置和研究 |
| 教育模式 | 教育模式更倾向于集中式和统一化，强调标准化和规模化推广，如通过举办全国中小学人工智能教育大会等活动，推动人工智能教育的普及和师资培训 | 教育模式更加灵活和多元化，鼓励各州和学校根据当地情况进行个性化的课程开发和教育实践 |

| 对比维度 | 中国 AI 教育 | 美国 AI 教育 |
| --- | --- | --- |
| 技术应用 | 在人工智能技术应用方面，如智能教学系统、在线教育平台等，展现较强的底层潜力和创新能力，特别是在近年来的"停课不停学"实践中表现突出 | 在人工智能技术的研究和应用方面具有深厚的基础，其高等教育和研究机构在全球范围内处于领先地位 |
| 面临挑战 | 在推广人工智能教育的过程中，需要解决技术受限、重复建设、审慎不足等问题，同时需要关注教育公平和质量保证 | 面临着师资培训、课程质量控制、教育不平等的挑战，需要加强全国范围内的协调和合作 |
| 未来展望 | 在人工智能教育的未来发展中，需要构建公平而有质量的生态系统，提高教师技术应用能力，推动教育评价改革 | 需要利用其教育体系的优势，加强创新，吸引和培养顶尖人才，以维持其在全球人工智能教育领域的竞争力 |

通过比较与分析，我们可以看到，尽管国内外在 AI 教育的推进策略和实施路径上存在一些差异，但共同的目标都是培养能够适应未来社会需要的创新人才。在这个过程中，政府、学校、企业、教师和学生需要共同努力，形成教育创新的合力，以确保 AI 教育能够健康、可持续发展。

# 1.4　AI 教育的课程与技能培养

在当今快速发展的数字化时代，人工智能不仅重塑了技术领域的边界，也对教育体系提出了新的要求。AI 教育的课程与技能培养成为全球教育改革的关键点，旨在武装学生以适应未来社会的需求。

随着 AI 技术的不断进步，从数据分析到机器学习，再到深度学习，一系列新兴技能正成为教育课程的重要组成部分。本节将探讨 AI 教育如何通过精心设计的课程和实践技能培养，为学生打开通往高科技未来的大门，同时分析现行教育体系中 AI 课程的实施状况及其对学生未来职业发展的影响。

## 1.4.1　计算机科学基础

在 AI 教育中，计算机科学基础是核心组成部分，它不仅包括编程技能，还涵盖了数理逻辑、算法思维，以及对 AI 应用场景的理解。计算机科学基础在 AI 教育中的定义是多维度的，它强调了科学知识与核心技术的内容载体和工具方法，同时也提供了观念理念与思维认知，助力实现人的全面发展。

计算机科学基础课程是构建学生对计算机领域全面理解的基石，涵盖了从基础理论到实践技能的多个方面，如表 1-2 所示。

**表 1-2　计算机科学基础课程**

| 课程名称 | 课程内容描述 |
| --- | --- |
| 计算机科学导论 | 介绍计算机科学的基本概念和原理，作为学习计算机科学的入门课程 |
| 程序设计基础 | 教授基础编程语言的使用，培养编程思维和基础编程技能 |
| 数据结构与算法 | 学习数据存储结构和算法设计，提高数据处理效率 |
| 操作系统 | 深入研究操作系统原理、结构和管理机制，包括进程、内存和文件系统管理 |
| 计算机组成原理 | 介绍计算机硬件组成，包括 CPU（Central Processing Unit，中央处理器）、内存、I/O（Input/Output，输入/输出）设备等，以及它们如何协同工作 |
| 计算机网络 | 涉及网络基础、协议、架构和网络安全等内容，理解网络通信的原理 |
| 数据库系统 | 学习数据库设计、SQL（Structured Query Language，结构化查询语言）、事务处理等，掌握数据存储和管理的技能 |
| 软件工程 | 介绍软件开发生命周期、方法和工具，培养软件开发能力 |
| 人工智能 | 包括机器学习、深度学习、自然语言处理等 AI 领域的基础知识和应用 |
| 网络安全 | 涉及加密、防御机制和安全策略等内容，培养网络安全意识和防护技能 |
| 系统分析与设计 | 教授如何分析用户需求并设计系统架构，提高解决复杂问题的能力 |
| 计算机图形学 | 研究图像生成、处理和渲染技术，培养图形和视觉计算方面的能力 |
| 数字逻辑与微处理器设计 | 深入研究数字电路设计和微处理器的工作原理 |
| 编译原理 | 学习编译器的设计和实现，了解从高级语言到机器代码的转换过程 |
| 分布式系统 | 探讨分布式计算环境下的系统设计和开发 |
| 移动应用开发 | 学习开发移动设备应用的技术和工具 |

AI 教育的实施需要智能感知、教学算法和数据决策等关键技术，这些技术背后依赖的是物联网技术、大数据技术、高性能计算技术、高速通信技术及相应软硬件的支持。

智能化教学实施的"一融三境"原理强调 AI 与教学的融合，并分为营造智能教学环境、提炼与应用智能化教学模式、使智能化教学制度化和普及化三个层次。另外，计算机科学基础在 AI 教育中扮演的角色不仅局限于技术层面，还包括对学生综合素质和创新能力的培养。

AI 教育强调通过知识的学习来培养学生的能力和素养，而不仅仅是知识的传授。教学目标是让学生掌握基本原理、解决问题的思路与方法、培养批判性思维的科学精神及学习兴趣。

## 【案例 5】复旦大学 AI-BEST 课程体系：培养未来的 AI 创新者

从 2024 年秋季学期开始，复旦大学将在 2024—2025 学年推出至少 100 门 AI 领域的课程，并开启 AI-BEST 课程体系。这是一个全面且系统的教育计划，旨在培养具备 AI 素养、能力和创新精神的人才。下面是对 AI-BEST 课程体系的详细介绍。

❶ AI 通识基础课程（AI-Basic Courses，AI-B）：这是面向全校学生的课程，即便是 AI 零基础的学生也能跟上课程进度。课程内容包括 AI 数理基础、编程训练、应用工具训练、场景开发及 AI 伦理教育。复旦大学专门为文科生设计了"走进人工智能"和"社会计算引论"两门课程，以确保 AI 课程的普及性。

❷ AI 专业核心课程（AI-Essential Courses，AI-E）：这些课程主要聚焦于人工智能的核心领域，从底层逻辑出发，系统地构建 AI 相关学科的基本和共通知识体系，以及核心技术。AI 专业核心课程旨在为学生提供统一的 AI 专业培养体系，为未来的 AI 专业和 AI 教育体系打下坚实的基础。目前，复旦大学已有 10 多个院系和 64 位老师参与到课程建设中。

❸ AI 学科进阶课程（AI-Subject Courses，AI-S）：基于文社理工医等学科与人工智能交叉融合而设计的，将 AI 技术与各学科的核心知识相结合，形成具有学科特色的 AI 类课程。这些课程旨在通过课程建设促进 AI 与其他学科的交叉融合，并构建跨一级学科的进阶课程。

❹ AI 垂域应用课程（AI-Thematic Courses，AI-T）：专注于 AI 在各个垂直领域的应用场景，分为产教融合课程和科教融汇课程。产教融合课程由上海科学智能研究院和复旦大学人工智能创新与产业研究院牵头，注重实训实战，围绕产业问题开发课程；科教融汇课程鼓励教师围绕 AI 赋能科研的各类应用场景和具体问题开发课程。这些课程将由各垂直领域的顶尖单位和一流教师参与授课，为学生提供前沿的实训课题。

复旦大学的 AI-BEST 课程体系体现了学校对 AI 发展路径的宏观判断，即引领垂域创新与紧跟大模型并重，支撑 AI 赋能千行百业。通过这一课程体系，复旦大学致力于培养能够适应未来经济社会发展和满足产业需求的 AI 领域拔尖创新人才，并为上海乃至全国的 AI 创新生态作出贡献。

综合来看，国内外的 AI 教育课程与技能培养都强调了计算机科学基础的重要性，旨在为学生提供必要的理论知识和实践技能，以适应未来技术发展的需求。

## 1.4.2 编程语言与实践

在 AI 教育课程中，编程语言是核心内容之一，旨在培养学生的计算思维和编程技能。编程语言是人工智能领域用于实现算法和逻辑的一套语法规则，AI 教育中的编程课程通常包括基础编程概念、数据结构、算法设计、软件开发生命周期等。随着人工智能技术的发展，课程内容也越来越多地融入了机器学习、深度学习等 AI 编程实践。

教师通过设计实践项目、编程作业和案例研究，鼓励学生运用所学的编程语言解决实际问题。例如，学生可能会被要求使用 Python 等语言来构造一个简单的机器学习模型，或者开发一个小型的应用程序来处理数据。图 1-10 所示为 Python 语言的编程示例。

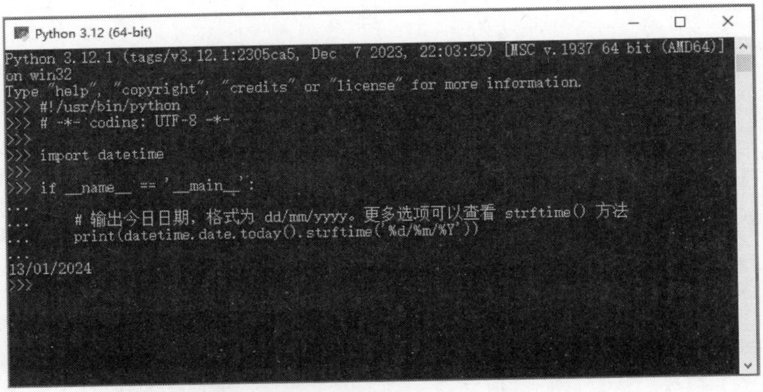

图 1-10　Python 语言的编程示例

AI 教育强调编程实践与 AI 应用的结合，如利用编程语言开发智能系统、进行数据分析和可视化、构建机器学习模型等。这种实践不仅能加深学生对编程语言的理解，也能培养他们解决复杂问题的能力。

教育机构和教师可以利用在线平台、编程工具和 AI 框架辅助教学，如使用 Jupyter Notebook 进行代码和数据的交互式分析，或者使用 TensorFlow 和 PyTorch 等框架进行深度学习模型的开发。

随着 AI 技术的不断进步，编程语言与实践的课程内容也在不断更新，以适应新技术的需求。教育者正在探索如何将 AI 的最新发展（如生成式对抗网络和强化学习）整合到课程中。

**专家提醒**

Jupyter Notebook 是一个开源的 Web 应用程序，允许用户创建和共享包含实时代码、方程、可视化和解释性文本的文档。Jupyter Notebook 广泛地应用于数据分析和机器学习，支持超过 40 种编程语言，包括 Python、R 和 Julia 等。

TensorFlow 是一个由谷歌开发的开源机器学习框架，用于数据流图的数值计算。TensorFlow 特别适用于深度神经网络的构建和训练，支持多种平台，并提供了灵活的计算能力，以适应从研究到生产的各种需求。

PyTorch 是一个开源的 Python 机器学习库，广泛用于计算机视觉和自然语言处理。PyTorch 以 Python 语言为基础，提供动态计算图和自动微分系统，使得研究人员能够快速实验和迭代模型设计。

生成式对抗网络（GANs）是一种深度学习模型，由两个网络组成：生成器（Generator）和判别器（Discriminator）。生成器的目标是产生逼真的数据，而判别器则尝试区分真实数据和由生成器产生的数据。这两个网络在训练过程中相互竞争，从而提高生成数据的质量。

强化学习是机器学习的一个分支，主要关注如何在环境中采取行动以最大化某种累积奖励。强化学习通常涉及一个代理（Agent），该代理通过与环境的交互来学习最佳策略。强化学习在游戏、机器人控制和其他需要决策制定的领域中广泛应用。

## 1.4.3 数据分析与机器学习基础

数据分析是指使用统计方法和工具从大量数据中提取有用信息和见解的过程。机器学习则是 AI 的一个分支，它使计算机系统能够从数据中学习并作出决策或预测，而无须进行明确的编程。

数据分析与机器学习的课程通常包括数据预处理、探索性数据分析、统计建模、机器学习算法、深度学习算法等基础，以及使用编程语言（如 Python）和库（如 scikit-learn、TensorFlow、PyTorch）实现项目的开发，相关介绍如下。

❶ 数据预处理（Data Preprocessing）：数据预处理是数据分析的第一步，涉及清洗、规范化和转换原始数据，以便于分析。

❷ 探索性数据分析（Exploratory Data Analysis，EDA）：探索性数据分析是一种分析数据的方法，以发现数据的基本统计特性和结构，通常在建立预测模型之前进行。

❸ 统计建模（Statistical Modeling）：统计建模使用数学方程描述数据中的关系和模式，常用于预测和推断等任务。

❹ 机器学习（Machine Learning，ML）算法：机器学习是一种计算机算法，它能够从数据中学习并作出决策或预测，包括监督学习算法（如线性回归、决策树）和无监督学习算法（如聚类）。

❺ 深度学习（Deep Learning，DL）算法：深度学习主要使用类似于人脑的神经网络结构来学习复杂的模式和表示。

❻ Python：Python 是一种广泛使用的高级编程语言，以其清晰的语法和代码可读性而闻名，常用于数据分析和机器学习。

❼ scikit-learn：scikit-learn 是一个针对 Python 编程语言的开源机器学习库，提供了一系列强大的工具，用于机器学习和统计建模等任务。

教师可以通过案例研究、项目实践、实验室练习和编程作业，培养学生的数据分析与机器学习技能。例如，教师可以要求学生使用 Python 和 Pandas 库进行数据清洗和转换，然后使用 scikit-learn 开发机器学习模型。学生则可以通过解决实际问题来应用所学知识，如图像识别、自然语言处理或推荐系统。

> **专家提醒**
>
> Pandas 是一个开源的数据分析和操作库，提供了快速、灵活和表达力强的数据结构，旨在使数据清洗和分析工作变得更加简单易行。

随着 AI 技术的不断进步，数据分析与机器学习的课程内容也在不断更新，以适应新技术的需求，比如强化学习和深度学习的最新发展。

# 1.5　AI 教育的未来趋势

随着人工智能技术的飞速发展，AI 教育正站在变革的前沿，引领着教育模式的创新和转型。未来，AI 教育将不只是一个独立的学科领域，而是渗透到教育的各个层面，成为推动个性化学习、提升教育质量和提高教育效率的关键力量。

本节将探讨 AI 教育的未来趋势，一窥教育与人工智能融合的广阔前景，预见一个更加智能化、高效化、公平化的教育未来。

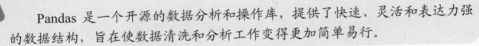

## 1.5.1　跨学科融合的教育模式

在 AI 教育的未来趋势中，跨学科融合的教育模式正逐渐成为核心焦点。这种模式强调不同学科领域间的交流与合作，以培养更加全面和创新的思维方式。

跨学科融合的教育模式是一种打破传统学科边界，将不同学科领域的知识、方法和工具整合在一起的教学方法。这种模式鼓励学生在多个学科之间建立联系，促进综合性思维和创新能力的发展。通过跨学科学习，学生能够更全面地理解复杂问题，培养解决问题的能力，并在不同领域之间发现新的视角和解决方案。

跨学科融合的教育模式具有以下重要意义。

❶ 响应了现代社会对复合型人才的需求，这些人才不仅要有深厚的专业知识，还要具备跨领域的协作和创新能力。

❷ 支持学生发展批判性思维，使他们能够在多变的工作环境中适应变化。

❸ 有助于学生形成更加完整的知识体系，促进学科间相互启发，推动科学、技术、艺术等多个领域的进步。

在人工智能等快速发展的领域，跨学科融合的教育模式尤为重要，因为它能够为学生提供应对未来挑战的多元技能和广阔视野。

## 【案例6】华东师范大学：通过跨学科融合的教育模式提升学生的 AI 素养

华东师范大学积极探索跨学科融合的 AI 教育模式，通过一系列创新实践，推动人工智能与不同学科领域的深度融合，相关措施如下。

❶ "AI + X" 微专业：华东师范大学推出 "AI + X" 系列微专业，旨在让不同专业的学生掌握 AI 工具，运用 AI 技术提出并解决创新性问题。首批推出的专业领域包括 "AI + 数学" "AI + 地理" "AI + 美术" "AI + 传播"。这些微专业课程由 AI 基础课和 "AI + X" 融合课两个模块组成，覆盖了从 AI 导论到专业应用的多个方面，如 "人工智能艺术基础" 和 "大语言模型与创意写作" 等课程。

❷ 跨学科教学实践：华东师范大学基础教育学科教研联盟信息科技学科组邀请专家走进附属学校，开展跨学科集体备课和专家公开课。例如，"绘画" 课堂中利用 AI 技术进行面部关键点检测技术的教学，以及 "人工智能绘图" 课程中结合《神笔马良》故事进行 AI 绘图技术的教学，体现了跨学科融合的教学模式。

❸ "水杉在线" 平台：华东师范大学通过构建数字化全链路在线学习平台 "水杉在线"，整合了教学、学习、练习、测试、评价和创新等多个关键环节，构建起一个全面的学习社区。"水杉在线" 平台打造了一个广阔的线上实践环境，为师生提供了包括在线实训和编程自动评测在内的多样化服务，如图 1-11 所示。

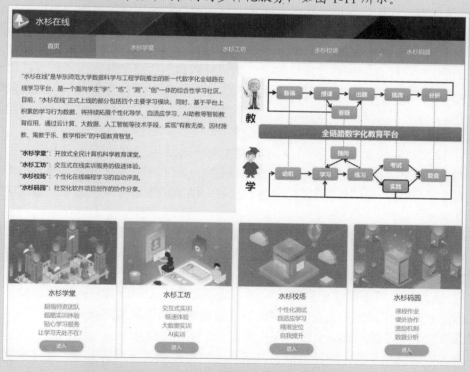

**图 1-11　华东师范大学的 "水杉在线" 平台**

在华东师范大学的课程体系中，如"面向对象程序设计及实践（Java）""AI 英语 GO""科研论文写作"等课程，均体现了高浓度的 AI 应用。另外，"走进商周古文字""人工智能与药物发现"等课程，通过 AI 技术，为学生提供了全新的学习和研究视角。而"'人工智能+教育'创新应用实践""人工智能在磁共振成像中的应用"等前沿课程，更是展示了 AI 技术在不同领域的广泛应用和深远影响。

通过这些高 AI 浓度的课程，华东师范大学正致力于培养能够适应未来社会需求的创新人才。华东师范大学通过跨学科融合的教育模式，不仅提升了学生的 AI 素养，也为专业教育的创新发展注入了新的活力。

可以看到，AI 教育正逐步实现跨学科融合的教育模式，这不仅促进了学科间的交流，也为学生提供了更加丰富和多元化的学习体验，培养了他们解决复杂问题的能力。随着技术的不断发展，未来的 AI 教育将更加注重学科间的融合与创新，为学生提供更加个性化和智能化的学习环境。

## 1.5.2　智能化与个性化的教育技术

智能化与个性化的教育技术是指利用人工智能、大数据、机器学习等先进技术，为学生提供定制化的学习体验和教学服务。这种技术能够根据学生的学习行为、能力水平和兴趣偏好，智能推荐适合他们的学习内容和教学方法，实现真正意义上的因材施教。

智能化与个性化的教育技术能够极大地提升教育的质量和效率。通过智能化的评估和反馈，教师可以更准确地了解学生的学习情况，及时调整教学策略，提高教学效果。同时，个性化的学习路径和内容，能够激发学生的学习兴趣，培养他们的自主学习能力和创新思维。

AI 技术能够根据学生的学习习惯、能力与兴趣提供定制化的学习内容。例如，清华大学利用千亿参数多模态大模型 GLM 开发的 AI 助教系统，不仅能提供 24 小时的个性化学习支持，还能进行智能评估和反馈，辅助学生进行深入思考，激发学生的学习灵感。

AI 技术在教学管理中的应用，如智能测评系统和智能教学系统，能够高效地完成作业批改，生成个性化反馈，减轻教师负担，同时帮助教师更直观地了解学生的学习情况，从而因材施教。

另外，AI 技术还能够促进教育公平，让不同地区、不同背景的学生都能够享受到优质的教育资源。在人工智能的辅助下，教育将变得更加灵活、开放和包容，为每个学习者提供平等的发展机会，实现教育的个性化和终身化。

通过智能化与个性化的教育技术，未来的教育将更加注重学生的个性化发展，同时提高教学效率和教学质量，实现教育资源的优化配置，推动教育的创新与改革。

## 1.5.3　社会与教育的协同发展

　　社会与教育的协同发展是指教育系统与社会发展需求相互适应、相互促进的一种发展状态。在这种模式下，教育不仅响应社会变革，为社会培养所需的人才，同时也引领社会进步，推动科技创新和文化繁荣。

　　人工智能作为新一轮科技革命和产业变革的重要驱动力，正在深刻地改变教育的各个方面。中国高度重视人工智能对教育的影响，并积极推动人工智能与教育的深度融合，促进教育变革创新。

　　未来的教育将形成教师、机器、学生互动的三元智能化教育模式，需要解决好人对人、人对机、机对人、机对机四类教育问题。这种模式将促进教师、机器、学生三者之间的相互促进、相互影响、相互进步，共同推动智能化教育的发展。

　　为了更好地响应教育评价改革的总体方案，人工智能技术将助力改进结果评价、强化过程评价、探索增值评价、健全综合评价，提升教育评价的科学性、专业性、客观性。这将有助于建立围绕学生成长的数据档案，实施学习诊断分析，构建学生综合素质评价体系。

# 第 2 章

## AI 革新课堂：
## 教育行业的智能应用场景

AI 的智能应用场景正在逐步改变传统的课堂教学模式，为学习者带来更加个性化、灵活和富有创造力的教育体验。本章将深入探讨 AI 在教育领域的多样化应用，展示其如何促进知识的传播和技能的培养，同时为教育现代化描绘一幅充满活力的未来图景。

# 2.1 人工智能如何赋能教育教学

在 21 世纪的教育领域，人工智能正以其独特的能力赋能教育教学，引领一场深刻的课堂变革。AI 不仅优化了教学资源的分配，还通过精准的数据分析为每位学生提供定制化的学习路径。

本节将探讨人工智能如何融入教育的核心环节，从个性化学习到智能化资源管理，AI 技术的应用正在重塑传统的教育模式。通过智能工具和平台，教师能够以更高效、更有针对性的方式进行教学，而学生则能在更加灵活和支持性强的环境中学习、成长。

## 2.1.1 个性化学习

在教育领域，人工智能的应用正日益深入，特别是在个性化学习方面，展现出巨大的潜力和价值。利用深度学习和自然语言处理技术，AI 能够深入分析学生的学习行为、能力水平、兴趣爱好和具体需求，为每位学生量身定制学习方案，实现真正意义上的个性化学习，具体表现在以下几方面。

### 1. 个性化学习路径推荐

AI 系统通过收集和分析学生的学习数据，包括作业完成情况、测试成绩、在线互动等，构建学生的学习画像。基于这些数据，AI 能够识别学生的学习优势和薄弱环节，推荐适合其能力水平及兴趣点的学习材料和课程。这种个性化的学习路径推荐，不仅可以帮助学生在最短的时间内攻克难点，还能引导他们探索更广阔的知识领域，培养他们自主学习的能力。

【案例 7】国家开放大学：基于 AI 大规模构建个性化智慧教学体系

国家开放大学在构建大规模个性化智慧教学体系方面取得了显著成就，特别是在英语学习领域。该校利用科大讯飞的 AI 大模型技术，为超过 300 万的英语学习者提供了多样化的学习需求和个性化的学习支持服务。下面是国家开放大学在智慧教学体系建设方面的几个关键应用实例。

❶ 英语口语智能训练系统：该系统能够从发音、语调、流利度等不同维度，为学生的口语练习提供即时的反馈。这种即时反馈机制极大地提高了学习效率，帮助学生快速识别并改进自己的不足之处。

❷ 英语作文智能批改系统：该系统不仅能在学生提交作文后及时提供评阅，还能给出具体的修改建议。这种高效的批改方式减轻了教师的工作量，同时也为学生提供了更多的练习机会和即时反馈。

❸ 定制虚拟教师课程资源：国家开放大学探究了新型生成性教学资源的制作模式，通过定制虚拟教师课程资源，为学生提供了更加生动、互动性更强的学习体验。

❹ AI 自适应学习系统：基于知识图谱技术，国家开放大学打造了一个 AI 自适应学习系统，如图 2-1 所示。该系统能够根据学生的学习进度和能力，智能推荐适合的学习内容和练习，使每个学生都能按照自己的节奏进行个性化学习。

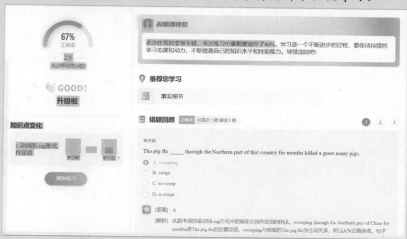

**图 2-1　AI 自适应学习系统**

❺ AI 虚拟教师智能问答系统：该系统能够提供全天候的学习知识服务，不仅回答学生的问题，还展示与专业知识相关联的知识点和引用的资源，极大地丰富了学生的学习视野，如图 2-2 所示。

**图 2-2　AI 虚拟教师智能问答系统**

通过这些创新的智能应用，国家开放大学正在构建一个能够满足大规模个性化学习需求的智慧教学体系，为学生提供更加灵活、高效和富有成效的学习体验。

### 2. 个性化教学活动定制

除了学习资源的推荐外，AI 还能根据学生的学习进度和理解程度，定制个性化的教学活动。这些活动可能包括针对性的练习题、互动式模拟实验、小组讨论话题等。AI 教师助手能够根据学生在活动中的表现，实时调整教学策略，提供即时反馈和辅导。这种定制化的教学活动，不仅能提高教学的针对性和有效性，还能增强学生的参与感和学习动力。

### 3. 智能辅导与反馈

AI 系统还能够提供一对一的智能辅导服务。学生在学习过程中遇到任何问题，都可以随时向 AI 助手求助，获得详细的解答和指导。AI 系统通过记录学生的问题和解答过程，能够更好地理解学生的思维模式和学习障碍，从而提供更加精准的辅导和反馈。

### 4. 动态学习内容生成

更高级的 AI 系统甚至能够根据学生的学习情况，动态地生成学习内容。这些内容不仅涵盖了学生需要掌握的知识点，还融入了学生感兴趣的话题和案例，使得学习材料更加生动、有趣。通过这种方式，AI 系统能够持续地激发学生的学习兴趣，提高他们的学习效率。

### 【案例 8】中国传媒大学：AIGC 赋能传统文化传承与创新

中国传媒大学在 AIGC 赋能传统文化传承与创新方面进行了深入探索，展现了 AI 大模型技术与传统文化结合的多种可能性。

中国传媒大学利用 AIGC 技术，对濒临失传的传统文化形式进行数字化还原，以数字形式保存和传承这些文化内容。AIGC 技术通过学习大量传统文化语料，能够使传统文化内容得到更好的保护，实现传统文化与现代技术的有机结合。

AIGC 技术不仅在文化内容的创作上提供了支持，还贯穿了创作的全流程，从创意构思到最终作品的呈现，促进了数字化转型和文化创意的创新。图 2-3 所示为使用 AIGC 技术生成的青花瓷图片。

中国传媒大学在 AIGC 的应用上进行了多方面的创新尝试。在教学模式上，实践了"采用了实践即教学，课程即项目，体验即教育"的理念；在课程形式上，采用了"翻转课堂＋成果导向＋智能增效"的方式；在技术上，开发了 AI 剪辑和 AI 绘画系统等，丰富了传统文化的表现形式。

图 2-3　使用 AIGC 技术生成的青花瓷图片

通过 AIGC 技术，中国传媒大学推动了中华优秀传统文化的数字化、实景化和交互式传播，形成了与主流价值的有效耦合，并为丰富多样的数字化呈现提供了可能。

5. 促进创新思维的培养

个性化学习还为创新思维的培养提供了良好的土壤，AI 系统能够识别学生的独特兴趣和潜能，提供相应的创新项目和研究机会。在 AI 的引导和支持下，学生可以自由探索、大胆尝试，培养解决问题的创新思维和实践能力。

总之，人工智能在个性化学习方面的应用，不仅极大地提高了教育的质量和效率，还为学生的全面发展和终身学习奠定了坚实的基础。随着 AI 技术的不断进步和完善，我们有理由相信，未来的教育将更加智能化、更加个性化、更加人性化。

## 2.1.2　智能评估

在教育领域，人工智能技术的融入正逐渐改变传统的评估方式，使教师能够以更高效、更精准的方式评估学生的学习成果。在智能评估工具的帮助下，教师能够快速获取关于学生学习成果的详尽反馈，这些反馈覆盖了作业、考试和课堂表现等各个方面。智能评估的相关应用场景如下。

1. 智能作业批改与评估

智能作业批改系统通常利用自然语言处理和模式识别技术，能够自动检测学生的作业错误并给出评分。智能作业批改系统不仅能识别拼写和语法错误，还能评估学生的解题方法和创新思维。这种即时反馈机制大大地提高了评估的效率，使学生能够迅速了解自己的学习情况并及时改进。

## 【案例9】加州大学伯克利分校：开发智能在线评估工具 Gradescope

Gradescope 是由加州大学伯克利分校开发的智能在线评估工具，它集成了最新的机器学习等人工智能技术，以简化作业的批改和评分流程。Gradescope 支持多种作业和考试类型，适用于不同的学科，能够帮助教师节省大量的批改时间，并提供及时且高质量的学生反馈，相关示例如图 2-4 所示。

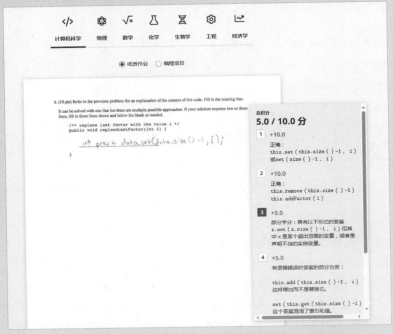

图 2-4　使用 Gradescope 评估作业的相关示例

传统评分方式耗时且容易受到主观性影响，教师常常需要在评分上花费大量时间，而学生得到的反馈往往不够及时和具体。Gradescope 通过数字化和云技术，允许教师和学生从任何设备访问提交、评分和分析的所有功能。

Gradescope 支持从作业到考试，再到编程作业的多种提交类型，并允许教师在纸上工作后将其扫描到系统中。Gradescope 的核心功能如下。

❶ 自动化评分：Gradescope 支持气泡表评分，通过 AI 技术自动识别学生手写答案，并将相似答案分组，从而加快评分速度。

❷ 无偏见评分：提交的文件可以匿名处理，确保评分的公正性。

❸ 动态规则：允许教师灵活设置评分标准，并在评分过程中实时调整。

❹ 反馈与沟通：教师可以通过 Gradescope 提供详细反馈，学生可以通过应用程序或网站查看成绩和反馈。

❺ 数据分析：Gradescope 提供学生表现的深入分析，帮助教师识别知识差距，

并指导教学改进，相关示例如图 2-5 所示。

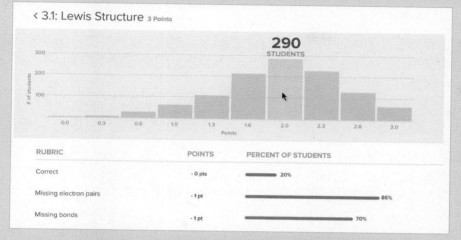

**图 2-5　Gradescope 数据分析的相关示例**

Gradescope 作为一个数字化评分工具，通过结合教师专业知识与 AI 技术，不仅提高了评分效率和质量，而且增强了教学的互动性和学生的参与度。

### 2. 智能辅导系统与答疑系统

智能辅导系统通过分析学生的学习行为和成绩，提供个性化的学习建议和辅导资源。智能辅导系统能够根据学生的弱点和需求，推荐适合的学习材料和练习题，帮助学生强化知识点和提高解题技能。同时，智能答疑系统能够 24 小时响应学生的问题，提供及时的解答和指导，确保学生在学习过程中不会遇到障碍。

### 3. 课堂表现的实时监测与分析

除了作业和考试外，人工智能还能够实时监测和分析学生的课堂表现。通过情感分析和行为识别技术，AI 可以评估学生的参与度、兴趣点和学习状态，为教师提供课堂互动和学生参与的实时数据，帮助教师优化教学方法和提高课堂效果。

### 4. 学习成果的深度分析与报告

智能评估系统还能对学生的学习成果进行深度分析，生成详细的报告。这些报告不仅包括学生的分数和排名，还涵盖学生的学习习惯、优势和不足等方面。通过解读这些数据，教师可以更好地了解学生的学习特点，从而制订个性化的教学计划。

### 5. 教学策略的智能调整

基于智能评估提供的数据和反馈，教师可以及时调整教学策略，以适应学生的学习需求。教师可以调整教学内容、教学方法和评估标准等教学策略，确保每个学生都能得到适合自己的教育和关注。

6. 促进教育公平与个性化学习

智能评估通过提供个性化的学习反馈和辅导，有助于缩小学生之间的学习差距，促进教育公平。智能评估使每个学生都能根据自己的节奏和能力进行学习，实现真正的个性化学习。

## 2.1.3 在线教育

在线教育的迅猛发展得益于人工智能技术的不断进步，这些技术为教育平台提供了个性化和高效的教学工具。AI 不仅能根据学生的学习行为和偏好提供定制化课程推荐，还能实现远程实时互动，为每位学生提供个性化的学习辅导。下面是 AI 在在线教育领域的一些典型应用。

1. 在线教育资源与平台

人工智能正改变在线教育资源的分发和消费方式。智能推荐系统通过分析学生的学习历史、成绩和兴趣点，能够精准地推荐课程和学习材料。智能推荐系统还会不断地学习和适应学生的反馈，以提供更加贴合需求的线上教育资源。

2. 远程教育的智能测评系统

在远程教育领域，AI 技术被用于开发智能测评系统。这些系统能够自动评估学生的作业和考试成绩，提供即时反馈，大大地减轻了教师的负担。

3. 自适应学习系统的开发

AI 技术使得开发自适应学习系统成为可能，这些系统能够根据学生的学习进度和理解程度，动态地调整教学内容和难度。学生在自适应学习系统中能够获得更加个性化的学习路径，从而提高学习效率。

4. 虚拟助教和智能辅导

在线教育平台通常会配备虚拟助教，它们能够 24 小时回答学生的疑问，提供即时的学习支持。AI 辅导工具通过智能分析学生的问题，提供详细的解答和学习建议，帮助学生克服学习障碍。

5. 在线学习社区的智能化

AI 技术也被用于在线学习社区的管理，通过识别和推荐相关讨论主题，促进学生之间的互动和知识共享。智能监控系统确保社区讨论的质量和秩序，为学生提供健康的学习环境。

随着 AI 技术的不断进步，我们有理由相信，在线教育将变得更加智能化和个性化。AI 不仅能为学生提供更加丰富和便捷的学习资源，也能为教师提供强大的教学和管理工具，共同推动教育的创新和发展。

## 2.1.4　虚拟现实教学

虚拟现实（Virtual Reality，VR）技术是一种先进的计算机仿真系统，它通过模拟人类视觉、听觉、触觉等多种感官行为，为用户提供一种沉浸式体验。VR 技术能够生成三维虚拟空间，让用户感觉仿佛置身于一个真实世界中。相关的效果示例如图 2-6 所示。

增强现实（Augmented Reality，AR）技术则是在用户的现实世界中叠加数字信息或图像，通过智能手机、平板电脑或特殊的 AR 眼镜来实现。与 VR 不同，AR 不会代替用户的真实视野，而是在真实世界的基础上增加额外的视觉元素，以增强用户对现实世界的感知。相关的效果示例如图 2-7 所示。

图 2-6　VR 效果示例

图 2-7　AR 效果示例

**专家提醒**

VR 技术通过头戴式显示器或多屏幕环境，创造完全虚拟的三维空间，让用户仿佛身临其境地进入了另一个世界。

VR 技术和 AR 技术正逐渐成为教育领域的重要工具。这些技术通过模拟真实世界的三维环境，为学生提供了一种沉浸式的学习体验，使得抽象的概念和理论变得直观易懂。

AI 技术在 VR 和 AR 教学中的应用，使得学习环境更加智能化和个性化。AI 可以根据学生的学习进度和理解能力，动态地调整教学内容和难度，为学生提供定制化的学习路径。这种个性化的学习体验，不仅能够提高学生的学习兴趣，还能够加深他们对知识的理解和记忆。

**【案例 10】小熊美术：AR 技术在少儿美术教育中的创新应用**

小熊美术是美术宝教育的旗下品牌，通过创新性地结合 AR 技术，引领了美术教育行业走向虚实结合的新方向。

小熊美术为 3~8 岁的少儿提供了系统性的美术专业课程，并通过 AI 互动教学、IP（Intellectual Property，知识产权）动画赋能课程，将数字化技术融入教与学场景，用智能为美术教育赋能。

小熊美术的课程遵从孩子的天性，采用人工智能技术，在学习过程中充满互动性与趣味性。用户使用小熊美术 App 中的"AR 扫画"功能，扫描涂好色的 AR 卡片，即可让画中的角色动起来，如图 2-8 所示。通过 AI 互动教学，小熊美术将趣味动画教学与 AR 实景互动相结合，个性化调整学习路线，提升孩子的学习兴趣和专注力。

图 2-8 "AR 扫画"功能演示效果

借助 AR 技术，小熊美术不仅提升了教育的趣味性和互动性，也让孩子们能够更直观地理解和掌握美术知识，享受快乐画画的乐趣。

VR 技术和 AR 技术能够将抽象的科学概念和历史场景转化为可视化图像，使学生能够身临其境地观察和探索。例如，在生物学教学中，学生可以通过 VR 技术观察细胞的内部结构；在历史课上，学生可以通过 AR 技术重现历史事件。这种直观的体验极大地提高了学习的生动性和有效性。

另外，通过使用 VR 技术和 AR 技术，学生可以在虚拟环境中模拟实际操作，这有助于他们更好地理解和掌握知识的应用。例如，在化学实验中，学生可以通过 VR 技术进行虚拟实验，避免真实实验中的危险；在建筑设计中，AR 技术可以帮助学生直观地看到设计的实际效果，提高设计的准确性和效率。

虚拟现实教学，结合 AI 技术的应用，为教育领域带来了无限的可能，不仅能提高学生的学习兴趣和效果，还能为教育提供更加多元化和个性化的教学方法。随着技术的不断发展和完善，我们有理由相信，虚拟现实教学将成为未来教育的重要组成部分，为培养创新型人才提供强有力的支持。

## 2.1.5 智能化资源管理

在当今快速发展的教育领域，人工智能正成为提升教育质量和管理效率的关键工具。从智能化资源管理到教育管理与决策支持，AI 技术的应用正在深刻地影响着教育的各个方面。

教育机构的资源管理是确保教学活动顺利进行的基础。人工智能在此领域的应用，为教育资源的合理分配和高效利用提供了新的解决方案，具体如下。

❶ 智能调度系统：通过智能算法，学校能够对教室、实验室、图书馆等物理空间进行自动化调度，优化资源使用效率，减少资源的冲突和浪费。同时，智能调度系统还能根据课程安排和学生需求，动态地调整教室分配，确保教学活动顺利进行。

### 【案例 11】西安电子科技大学：AI 赋能的智能督导系统

传统教育督导模式存在线上线下课程分离、评价不全面和缺少数据分析的问题。为了解决这些问题，西安电子科技大学利用人工智能、大数据等数字技术，建立了一个"两端一体化"的课堂教学智能督导系统，如图 2-9 所示。

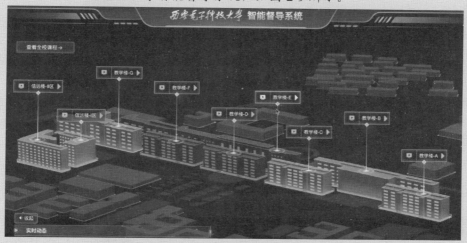

图 2-9 智能督导系统

"两端一体化"指的是将线上（网络教学）和线下（传统课堂教学）两种教学模式进行有效整合，实现教学活动、教学评估等多个方面的无缝对接和统一管理。

另外，智能督导系统集成了语音识别、知识图谱、课堂行为分析等智能功能，并结合可视化数据驾驶舱，实现了自动学情分析。这为学校管理者的决策和督导评教提供了有效的数据支撑，促进了教学质量的提升。

西安电子科技大学的智能督导系统不仅提升了教学质量和效率，还为高等教育领域提供了一个创新的教育技术应用范例。通过智能化手段优化教育管理和教学过程，该模式有望推动教育现代化，促进个性化学习和人才培养。

❷ 教育资源分析：AI 可以分析教育资源的使用情况，包括教室使用率、教材周转率、教师工作量等，为教育管理者提供实时数据支持。这些数据有助于管理者了解资源使用效率，发现潜在问题，并制定改进措施。

❸ 公平分配与高效利用：通过数据分析和智能推荐，AI 技术有助于实现教育资源的公平分配。例如，AI 可以根据学生的学业表现和需求，智能地推荐适合的学习材料和辅导资源，确保每个学生都能获得必要的学习支持。

AI 教育中的智能化资源管理是一种利用人工智能技术对教育资源进行高效分配和优化使用的管理方式，它通过智能算法分析教育资源的使用情况，预测需求，自动调整资源分配，以满足教学活动的需求。

另外，教育管理与决策是提升教育质量的关键环节。AI 技术在此领域的应用，为教育管理者提供了强大的决策支持工具，具体作用如下。

❶ 学生管理与学业预警：AI 可以通过分析学生的学习行为和成绩数据，识别可能存在学业困难的学生，并及时发出预警。这样，教师和学校可以提前介入，提供必要的辅导和支持，帮助学生克服困难。

❷ 教学资源智能推荐：基于学生的学习历史和偏好，AI 系统可以智能地推荐适合的教学资源，如教材、习题、视频等。这种个性化推荐不仅提高了学习资源的利用率，也增强了学生的学习体验。

❸ 教育大数据分析与报告：AI 可以处理和分析大量的教育数据，包括学生成绩、教学活动、资源使用情况等，生成直观的报告和图表。这些数据分析结果为教育决策者提供了宝贵的信息，有助于他们了解教育现状，制定合理的政策和措施。

## 2.2 AI 教育领域有哪些新应用

在 21 世纪的教育领域，人工智能正以其独特的方式重塑传统教育模式，引领教育创新的新潮流。本节将探索 AI 在教育领域的一些创新应用，展示 AI 如何使教育更加智能化、个性化和高效化，以及这些新应用如何为学习者、教育者和整个教育生态系统带来深远影响。

## 2.2.1 教育机器人

教育机器人作为 AI 教育领域的一种新兴应用，正逐步展现其在辅助教与学方面的巨大潜力。教育机器人专门针对教育场景研发，集成了先进的人工智能技术，用于辅助教学、增强学习体验和促进学生技能发展。

教育机器人可以分为两大类：机器人教育和教育服务机器人。机器人教育涵盖了教育活动、教学课程、实体平台等；而教育服务机器人则是具有教与学功能的智能机器人，常被用于辅助教学与管理。

教育机器人能够执行多种教育任务，包括但不限于编程教学、语言学习、科学实验演示及特殊教育需求的支持。教育机器人的应用场景丰富多样，包括但不限于STEM 教育中的机器人应用、面向机器人的编程教学、社交机器人支持的语言学习、课堂教学中的应用、辅助特殊教育、服务老年人的认知训练，以及基于对话代理的个性化辅导。

**专家提醒**

STEM 教育是一种整合科学（Science）、技术（Technology）、工程（Engineering）和数学（Mathematics）的跨学科教育模式，旨在通过跨学科的途径，加强学科之间的联系，促进学生的创新能力和解决实际问题的能力。

### 【案例 12】优必选早教机器人：激发儿童学习兴趣的 AI 解决方案

优必选科技作为一家专注于人工智能和机器人领域的企业，在早教机器人方面取得了显著的成就。Robo Genius 是优必选科技发起的一项全球性人工智能与机器人挑战赛，旨在通过赛事、嘉年华、展示交流等活动形式，激发儿童对机器人和人工智能的兴趣，培养他们解决问题的能力。

优必选早教机器人不仅是一个简单的玩具，更是一个集成了人工智能技术的多功能教育平台。这些早教机器人能够提供沉浸式的学习体验，让儿童在玩耍的同时学习编程、机器人操作及其他 STEM 相关技能。

在教学应用方面，优必选早教机器人涵盖了从小学至高中各个年龄阶段的教育解决方案，被广泛应用于课堂教学、课后活动和专业培训中。例如，在杭州市余杭区，优必选科技与教育局合作，为约 33000 名中小学生提供了包括 AI 课程、竞赛和实践等学习机会。

在技术特点上，优必选早教机器人具备高度的互动性和可定制性，它们可以连接到智能设备，支持多种编程语言，并能够执行复杂的任务和动作。另外，这些机器人还具有强大的数据处理和分析能力，能够根据学生的学习进度和表现提供个性化的学习建议。图 2-10 所示为优必选早教机器人产品。

图 2-10　优必选早教机器人产品

优必选科技在教育领域的努力已经取得了显著成果，其教育解决方案不仅在国内得到了广泛应用，还成功地进入了 20 多个国家的教育市场。通过与政府、教育机构和企业的合作，优必选科技正在推动人工智能教育的普及和发展。

## 2.2.2　智能助教系统

智能助教系统作为 AI 教育的重要组成部分，在现代教育领域扮演着越来越重要的角色。智能助教系统通常基于人工智能技术（包括自然语言处理和机器学习等），能够辅助教师进行教学活动，同时为学生提供个性化的学习支持。

智能助教系统的引入，不仅为学生提供了一个能够随时提问和获得帮助的学习伙伴，也为教师提供了一个强大的教学辅助工具。智能助教系统能够根据学生的学习情况，提供定制化的教学方案，促进学生的全面发展。

智能助教系统的开发和应用，正在推动教育朝着智能化、网络化、个性化和终身化的方向发展。随着技术的进步和政策的支持，智能助教系统有望在教育领域发挥更大的作用，为培养新时代的创新型人才提供有力支持。

【案例 13】东南大学：物理课程智慧 AI 助教系统的创新应用

在教育数字化转型的浪潮中，东南大学积极拥抱人工智能技术，以提升教学质量和学习体验。"大学物理"作为一门基础课程，其复杂性和抽象性给学生带来了不小的挑战。为了解决这一问题，东南大学开发了大学物理课程智慧 AI 助教系统，以人工智能技术赋能教学过程，如图 2-11 所示。

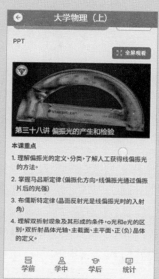

**图 2-11　AI 助教系统**

AI 助教系统的主要功能如下。

❶ 知识图谱的构建：AI 助教系统通过建立大学物理课程的知识图谱，将知识点进行可视化展示，帮助学生构建起完整、准确的知识体系，深化对物理概念和原理的理解。

❷ 个性化学习指导：AI 助教系统通过分析学生的学习数据，形成精准的学生画像，实现个性化的资源推荐和学习指导，使每个学生都能获得适合自己的学习路径。

❸ 教学策略的优化：教师利用 AI 助教系统可以及时了解学生的学习状态和需求，据此调整教学内容和方法，构建以学生为中心的教学模式。

❹ 智能问答与学习陪伴：AI 助教系统提供人机对话功能，实现智能问答和学习陪伴，有效地激发学生的学习兴趣和自主学习的动力。

东南大学人工智能学院发挥学科优势，牵头构建了服务于全校的"人工智能 + X"教育体系。通过跨学科虚拟教研室的组建，推动了人工智能通识导论课程的建设，为"人工智能 + 教育"行动计划奠定了坚实的基础。

东南大学 AI 助教系统的成功应用，不仅提升了学生的学习效率和兴趣，也为教师提供了强大的教学支持工具。这一案例体现了人工智能技术在教育教学中的广阔应用前景，为高等教育的创新发展提供了宝贵经验。

# 2.3　创新教育模式的探索

AI 正以其独特的方式革新传统课堂，引领着教育模式的创新和转型。本节将探讨 AI 在课堂中的创新应用，包括基于 AI 的项目式学习、STEAM 教育与 AI 的结合，以及 AI 在创客教育中的应用。

## 2.3.1　基于 AI 的项目式学习

基于 AI 的项目式学习是一种创新的教育模式，它将人工智能技术与项目式学习相结合，以促进学生的深度学习和综合能力的提升。

基于 AI 的项目式学习是一种以学生为中心的教学方法，它通过解决开放式问题，让学生在真实或模拟的环境中进行探索和学习。这种学习方式强调学生的主动参与和合作，同时利用 AI 技术提供个性化的学习路径和即时反馈。

基于 AI 的项目式学习的实现方法如下。

❶ 明确学习目标：确定项目式学习的目标，确保它们与课程标准和学生需求相符合。

❷ 设计项目任务：创建具有挑战性的项目任务，鼓励学生应用所学知识解决实际问题。

❸ 利用 AI 工具：利用 AI 辅助工具，如智能辅导系统、自适应学习平台等，以提供个性化学习体验。

❹ 促进协作学习：鼓励学生在小组内合作，通过讨论和协作解决问题。

❺ 实施评价和反馈：使用 AI 技术进行形成性评价，提供即时反馈，帮助学生及时调整学习策略。

### 【案例 14】核桃编程：致力于少儿编程教育模式的探索与创新

核桃编程是一个少儿编程教育平台，致力于通过科技手段提升青少年的编程素质和逻辑思维能力。基于 AI 的项目式学习是核桃编程教育模式的核心，其创新之处在于结合人工智能技术与编程教育，为学生提供个性化的学习体验和教学支持。

核桃编程的 AI 项目式学习是一种结合人工智能技术的教学方法，旨在通过解决具体问题，激发学生的编程兴趣和创新思维。这种学习模式不仅教授编程技能，还培养学生的问题解决能力和科学探索精神。图 2-12 所示为核桃编程的课程示例。

核桃编程的 AI 项目式学习的具体实现方法如下。

❶ "AI 人机双师"教学模式：核桃编程首创的"AI 人机双师"教学模式，通过 AI 教师与真人教师相结合的方式完成教学，实现规模化因材施教，打造"不可逆"的产品体验。

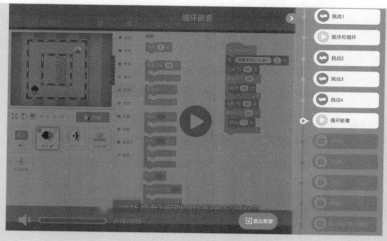

**图 2-12　核桃编程的课程示例**

❷　个性化教学：AI 教师会根据学生学习的客观情况，有针对性地规划学生每堂课的上课难度，而真人教师则会根据学生在各个关卡中的表现，分析他们对各个课题的掌握程度，并提供个性化的辅导。

❸　自主研发编程工具：核桃编程发布了自主研发的国产图形化编程工具 NUTS，如图 2-13 所示，旨在提高学生的学习效率和学习效果。

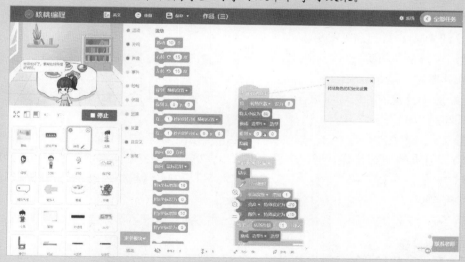

**图 2-13　图形化编程工具 NUTS**

❹　教学体系创新：核桃编程的教育体系以科技手段促进编程教育，将人工智能、计算机科学、数学思维等多个学科领域的知识，以科普动画的形式融入课程中，实现知识图谱化繁为简。

核桃编程的 AI 项目式学习不仅能提升学生的编程技能，更重要的是能够培养学生的逻辑思维、创新能力和科学探索精神。通过这种教育模式，核桃编程已经帮助超过 320 万付费用户锻炼编程技能，养成了良好的逻辑思维，而且学员在各项赛事中的表现都非常亮眼。

基于 AI 的项目式学习通过结合先进的技术与教育理论，为学生提供了更加互动、灵活和个性化的学习环境，有助于培养他们的批判性思维、解决问题的能力和团队合作精神。随着 AI 技术的不断进步，这种教育模式有望在未来得到更广泛的应用和发展。

## 2.3.2　STEAM 教育与 AI 的结合

STEAM 教育是一种比 STEM 更全面的综合性教育模式，它整合了科学、技术、工程、艺术（Arts）和数学 5 个领域的知识与技能，以培养学生的跨学科思维和解决实际问题的能力。

STEAM 教育强调的是学科间的融合，而不仅仅是各自独立。STEAM 教育旨在打破学科领域的界限，倡导基于项目的学习方式，强调体验性和实践性，是一种新的教育理念和学习方法。AI 的加入为 STEAM 教育提供了新的视角和工具，有助于提升学生的创新能力，推动大规模创新人才目标的实现。

在课堂上引入 STEAM 教育，可以是一个激动人心且富有成效的探索过程。下面是 STEAM 教育的相关策略。

❶ 实践活动和项目优先：鼓励学生通过动手实践、实验和问题解决来深化对 STEAM 概念的理解。

❷ 现实世界中的应用：展示 STEAM 概念在现实生活中的应用，让学生看到学习与现实世界的直接联系。

❸ 项目选择的自由：给予学生选择项目的自由，以培养他们的自主性和创造力。

❹ 小组项目促进协作：通过小组合作项目，培养学生的团队合作能力和沟通技能。

❺ 艺术与 STEAM 的融合：将艺术融入 STEAM 活动中，展示艺术如何实现问题解决和创新。

❻ 技术工具的使用：利用 ClassPoint 等数字工具来丰富教学内容，提供互动和多媒体学习体验。

❼ 实地考察和嘉宾演讲：安排学生参观 STEAM 相关场所或邀请行业专家进行演讲，以激发学生的兴趣。

❽ 游戏化学习体验：借助游戏化元素使学习更加有趣，利用挑战和竞赛激励学生的参与热情。

❾ 时事联系：将 STEAM 概念与当前的热门事件或热点问题联系起来，展示其

社会影响力。

⑩ 展示学生作品：通过演讲、展览等形式，让学生展示他们的项目和研究成果。

通过利用这些策略，STEAM 教育能够激发学生的创造力和解决问题的能力，为他们提供全面的学习体验，并帮助他们在快速变化的世界中取得成功。总之，STEAM 教育与 AI 的结合为传统教育模式带来了创新，通过技术手段提升了教学的个性化、互动性和实践性，为学生提供了更加丰富和深入的学习体验。

## 【案例 15】ClassPoint：提供全面的 STEAM 课程计划和灵感

ClassPoint 是一个创新的教育技术平台，专为 STEAM 课程设计，提供了全面的课程计划和灵感。ClassPoint 平台集成到广泛使用的 Microsoft PowerPoint 中，使教师能够轻松地创建互动和吸引人的课堂演示。

ClassPoint 平台的主要特色如下。

❶ 互动式测验：ClassPoint 提供了多种互动问题类型，包括多选题、填空、简答题等，如图 2-14 所示，允许教师在演示过程中实时收集和评估学生的回答。

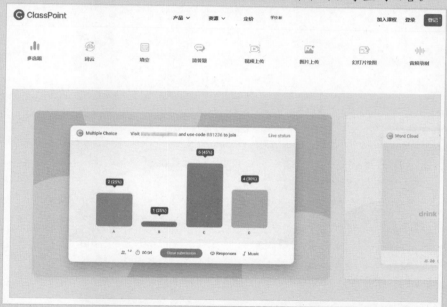

**图 2-14　ClassPoint 的互动问题类型**

❷ AI 生成问题：利用人工智能技术，根据幻灯片的内容自动生成测验问题，如图 2-15 所示，节省教师的备课时间。

❸ 无限白板：教师可以添加无限的白板幻灯片，使用注释工具（如钢笔、荧光笔、文本框和形状）用可视化的方式解释复杂概念。

❹ 课堂互动：通过集成的课堂互动工具，如随机点名器和计时器，增加学生的

参与度及活跃课堂气氛。

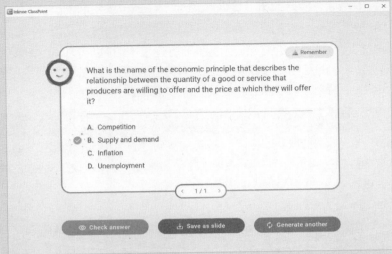

**图 2-15  AI 自动生成测验问题的相关示例**

❺ 游戏化学习：ClassPoint 的奖励系统通过星星、等级和排行榜，激发学生的参与感和竞争精神。

在 STEAM 课堂上，教师可以使用 ClassPoint 设计一系列课程，包括但不限于以下几类。

❶ 科学实验演示：通过 ClassPoint 的白板功能，教师可以现场绘制实验装置，而学生可以通过互动问题参与实验设计。

❷ 技术项目展示：学生团队可以使用 ClassPoint 展示他们的编程或机器人项目，利用平台的多媒体功能展示项目成果。

❸ 工程挑战：在解决工程问题的过程中，学生可以通过 ClassPoint 的互动功能，共同讨论和提出解决方案。

❹ 艺术创作分享：在艺术课程中，学生可以通过 ClassPoint 分享他们的创作过程和作品，同时接受同伴和教师的反馈。

❺ 数学概念讲解：数学教师可以利用 ClassPoint 的拖放和注释工具，动态展示数学问题的解决步骤。

ClassPoint 的使用可以极大地提高学生的参与度和学习动力。通过互动问题和白板演示，学生能够更直观地理解复杂概念。同时，游戏化的奖励系统不仅可以让学生在参与课堂活动时更加积极，而且能够培养他们的团队合作能力。

ClassPoint 平台通过丰富的教学工具和游戏化学习体验，为 STEAM 教育提供了一个全面的解决方案。ClassPoint 不仅简化了教师的备课和教学过程，也为学生提供了一个更加互动和有趣的学习环境。

### 2.3.3　AI 在创客教育中的应用

创客教育是一种以培养创新能力为核心，强调实践和创造的教育模式。创客教育通常与 STEAM 教育相互关联，但创客教育更侧重于实践操作和创意实现。

创客教育融合了创客文化与教育理念，以学生的兴趣为出发点，采用项目化的学习模式。创客教育利用数字化工具，不仅提倡实践创造，还鼓励知识与成果的共享，致力于培育学生的跨学科问题解决能力、团队合作精神和创新思维能力，是素质教育的一种体现。

总的来说，创客教育鼓励学生动手实践并将创意转化为现实。AI 技术在创客教育中的应用，为学生提供了智能工具和平台，使他们能够更容易地实现创新想法。AI 不仅能够辅助学生在创客空间中的活动，还能够通过智能系统提供即时反馈和指导，帮助学生优化创作过程。

#### 【案例 16】优芽：通过动漫创作培养学生的创新和审美能力

优芽是一个专注于动漫创作与创客教育的在线学习平台，致力于通过动漫创作活动，激发学生的创造力和审美能力，同时融合 STEAM 教育理念，促进学生全面发展。优芽平台的主要特色如下。

❶ 动漫课程体系：优芽提供了一系列与动漫相关的课程，涵盖学科知识渗透和德育素养融合，通过项目教学应用和作品展示分享，培养学生的创新思维和实践能力。

❷ 动漫创客平台：该平台是教师培养学生创意动画制作技能的得力助手，不仅为教师提供全面的课程资源和教案支持，还为学生提供方便使用的动漫制作工具，同时为教学成果和学生作品的展示与分享提供了高效的渠道。

❸ 活动及赛事：优芽定期举办作品竞技交流和主题营地活动，丰富校园文化生活，鼓励学生参与并展示自己的创意作品。

❹ 创客师资培训：优芽提供创客专家的课程教育培训，包括备课辅导和专业素养提升，确保教学质量。

❺ 动画工坊：优芽推出的一站式创作共享平台，包含剧本创作软件、优芽动画软件、动画人物设计软件等专业工具，加上协同创作和共同体理念，适用面广，适合企业、学校或培训机构使用。图 2-16 所示为优芽动画人物设计软件。

优芽构建了一个综合性的动漫创客平台，集课程教案、素材库、动画制作工具、主题活动、课件管理及作品展示功能于一体，实现一站式服务。动漫创客平台的建设目标如下。

❶ 特色案例开发：学校能够开发具有特色的精品教学案例，并以此来塑造教育特色和品牌。

**图 2-16　优芽动画人物设计软件**

❷ 教学成果提升：通过整合德育理念和教学内容，利用信息化教学手段，增强教学成果的影响力。

❸ 信息化教学改革：采用创新的信息化工具和平台，提高教师的信息技术应用能力，推动教学方法的现代化。

❹ 学生素质全面发展：通过加强创新型课程，满足学生的多样化学习需求，促进学生综合素质的提升。

❺ 校园文化建设：在创客教育模式下，同步塑造校园文化特色，推广创新理念，建立校园文化标杆。

基于 AI 技术打造的动漫创客教育平台，通过提供丰富的教学资源和便捷的制作工具，不仅简化了教学流程，也为学生提供了展示创意和技能的舞台。通过这一平台，学校能够激发学生的创造力，培养他们的团队合作精神和实践能力，同时为校园文化的建设和发展贡献力量。

# 第 3 章

## 教师 2.0：
## AI 时代下的教学革新与策略

在人工智能时代，教师从传统的知识传授者到学习引导者、教学设计者，正站在 AI 教育的时代前沿，利用 AI 技术优化教学过程，实现个性化教学，并培养学生的高阶思维能力。本章将分析 AI 如何助力教师提升教学效率，同时讨论在这一过程中所面临的挑战与机遇。

# 3.1 认识 AI 教育下的教师新角色

在 AI 重塑教育领域的今天，教师这一古老职业迎来了前所未有的变革。AI 技术的融入不仅极大地丰富了教学手段，也对教师的角色提出了新的定义和要求。本节将探讨 AI 教育环境下教师的新角色，帮助大家更好地把握教育的未来发展趋势，同时为教师的专业发展与教育创新提供指导和启示。

## 3.1.1 AI 教育来临，教师的新挑战与机遇

AI 教育的来临，为教师带来了前所未有的新挑战与新机遇。在 AI 教育时代，教师应明确自己的职业核心价值——教育不仅是知识传授，更关乎品格、情感和创造力的培养。同时，教师需要具备与 AI 协作的能力，包括了解其原理、赋能学习、优化教学和交流分享。

AI 教育给教师带来的新挑战如下。

❶ 技术适应性：教师需要快速适应并掌握新兴的 AI 教学工具和平台，以便更好地整合这些技术到教学中。

❷ 角色转变：教师需要从传统的知识传授者，转变为学生学习的引导者、促进者和评估者。

❸ 个性化教学：AI 技术使个性化教学成为可能，教师需要根据每个学生的特点和需求设计教学方案。

AI 教育给教师带来的新机遇如下。

❶ 教学效率提升：AI 可以辅助教师进行作业批改、学情分析等工作，提高教学管理的效率。

**【案例 17】河马爱学：AI 技术助力下的教师教学革新**

在 AI 教育的大潮中，教师面临着如何有效整合技术以提升教学质量的挑战。作为一款由字节跳动推出的 AI 学习应用，河马爱学为教师提供了强大的教学支持，特别是在作业批改和个性化学习方案的制订上。

河马爱学利用人工智能技术，为教师提供了一系列教学辅助功能，包括但不限于拍照答题、作业批改、口算和作文指导等。这些功能不仅减轻了教师的负担，还提高了学生的学习效率。

河马爱学为教师和学生提供了一个全面的教学和学习生态系统，通过一系列智能化工具和功能，优化了课前备课、课中互动和课后巩固的每一个环节，旨在提升教学效率和学习成效。相关介绍如下。

❶ 课前备课。教师可以结合教学进度选取课程内容，如图 3-1 所示，预览后一键布置给全班或部分学生，节省了查找和组织课程内容的时间和精力。学生收到任务后，可以在自己的设备上提前预习，为上课做好准备，如图 3-2 所示。

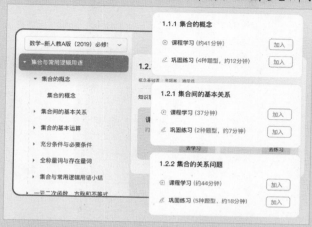

**图 3-1　选取课程内容**

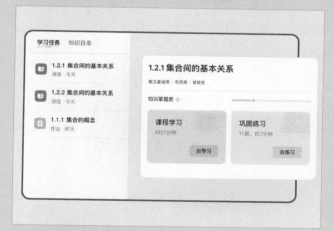

**图 3-2　预习学习任务**

❷ 课中互动。学生通过自适应学习系统进行学习，系统会根据学生的水平提供合适的练习，并根据课上表现实时调整难度，确保学生保持专注和高效。教师可通过正反馈来增强学生的成就感和自驱力，引导学生设定目标，并根据知识掌握情况提供反馈和建议。

教师可以实时监控学生的课堂学习状态，利用智能预警系统及时发现并辅导学生的共性难点或异常行为，确保学生有效地吸收知识，如图 3-3 所示。同时，教师还可以利用大屏讲解模式，针对课上的共性错题或重难点进行补充讲解，确保问题能够及时得到解决，如图 3-4 所示。

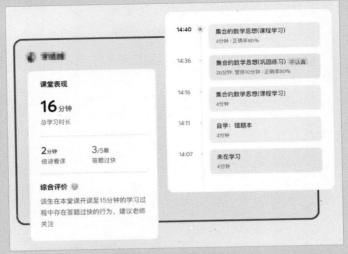

**图 3-3 智能预警系统**

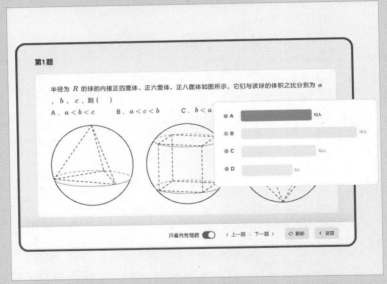

**图 3-4 大屏讲解模式**

❸ 课后巩固。教师可以使用多种作业工具布置作业，覆盖线上和线下，包括标准作业、分层作业和个性化作业，同时支持答题卡快速回收线下作业和测试学情。

河马爱学系统还提供了智能批改功能（客观题和英语作文可以由系统自动批改），同时支持学生自批或教师批改，确保学情回收的准确性和高效率，如图 3-5 所示。学生可以通过错题本、笔记本、单词本、解题圈等多样化学习工具巩固知识点，提升学习效率。

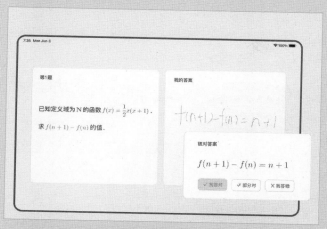

**图 3-5　智能批改作业**

同时，河马爱学系统还会根据学生的学习目标和学情，根据系统算法推荐个性化学习内容，包括课程重刷、个性化练习、错题举一反三，帮助学生在学有余力时自主地学习和提升，如图 3-6 所示。

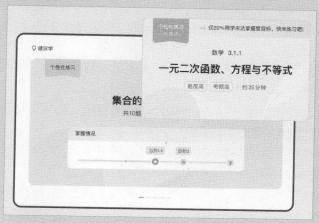

**图 3-6　算法推荐查漏补缺**

河马爱学的应用在多所学校得到了成功实施，教师们普遍反映该应用极大地提高了教学效率和学生的学习兴趣。

❷ 创新教学方法：AI 技术的应用为教学方法的创新提供了新的可能，如智能辅导系统、虚拟现实教学等。

❸ 专业发展：教师可以通过学习和应用 AI 技术，促进自身的专业成长和发展。

❹ 终身学习：AI 技术的发展促使教师持续学习和适应新的教育趋势，实现终身

学习的目标。

在 AI 教育时代，教师需要不断地学习新技术，更新教学理念，以积极的态度迎接新挑战，抓住新机遇。通过与 AI 技术的协同合作，教师可以更有效地促进学生的发展，为培养未来社会所需的创新人才做出贡献。

## 3.1.2　AI 教师进入课堂，科技赋能让教育更智慧

AI 教师的引入，标志着一个教育智能化、个性化和精准化教学新时代的来临。AI 教师通过模拟人类教师的教学行为，不仅提高了教学的质量和效率，还为学生提供了更加丰富和多元化的学习体验。

AI 教师的角色特点如下。

❶ 个性化教学：AI 教师能够根据学生的学习习惯、能力水平和兴趣偏好，提供个性化的学习资源和教学方案，实现真正意义上的因材施教。

❷ 智能辅导：AI 教师可以 24 小时不间断地为学生提供辅导和答疑服务，帮助学生及时解决学习中遇到的问题，提高学习效率。

❸ 教学评估：利用大数据分析和机器学习技术，AI 教师能够对学生的作业和考试进行智能评估与反馈，帮助教师更好地了解学生的学习情况，调整教学策略。

❹ 增强互动性：AI 教师通过智能互动技术，如语音识别和自然语言处理，与学生进行实时互动，提高课堂的活跃度和学生的参与度。

❺ 优化教学资源：AI 教师能够根据教学需求，智能推荐和整合教学资源，为教师提供丰富的教学素材和工具。

❻ 教学管理智能化：AI 教师在教学管理中的应用，如智能排课、学生管理和成绩分析等，能够大大地提高教学管理的效率和质量。

❼ 定制学习路径：AI 教师能够根据学生的学习进度和学习能力，智能地推荐适合的学习路径和资源，帮助学生实现自主学习。

❽ 培养创新思维：AI 教师能够通过提供开放性问题和探究式学习任务，激发学生的创新思维和解决问题的能力。

AI 教师进入课堂，不仅能为教育赋能，更能推动教育的智慧化发展。那么，未来的教师会不会被 AI 取代呢？实际上，AI 教师的出现并不会导致教师失业，相反，它将促使人们转向更具有创造性的工作。AI 教育时代的到来，本质上是一种技术进步，它带来的是学习的革命和改造。

【案例 18】火花口语：推出媲美真人的数字人教师 Ela

火花口语是在线语言学习领域的一款创新产品，旨在通过 AI 技术提供高效、便捷的口语练习体验。火花口语针对国人的口语情况和学习需求，提供个性化的学习方

案，帮助学生提升英语口语能力。

Ela 是火花口语的核心功能之一，能够主动引导学生进行口语学习，提供陪伴、指导和鼓励。Ela 是一个 AI 虚拟人教师，负责与学生进行实时的口语对话和练习，如图 3-7 所示。

Hello! Nice to meet you. I hope you're doing well.

Hi Jane. Nice to meet you. Could your recommendation songs for me?

🔻在原句中，主语"You"后面缺少了谓语动词，正确的应该是"Could you recommend songs for me?"

收起纠错

**图 3-7　AI 虚拟人教师**

Ela 的功能特点如下。

❶ 专业指导：Ela 基于先进的语音识别和人工智能技术，能够为学生提供专业水平的口语和发音指导。

❷ 个性化教学：Ela 能够根据学生的学习进度和需求，提供个性化的学习计划和即时反馈。

❸ 即时互动：学生可以与 Ela 进行自然而流畅的口语对话，获得沉浸式的语言学习环境。

❹ 趣味学习：Ela 还融入了趣味闯关模式，通过游戏化的学习方式，激发学生的学习兴趣。

火花口语及其 AI 虚拟人 Ela 适用于各类需要提升英语口语能力的用户群体，包括学生、职场人士、出国留学生等，其优势如下。

❶ 高效便捷：无须预约即可随时随地进行口语练习，极大地提高了学习效率。

❷ 经济实惠：相较于传统的真人外教陪练方式，火花口语的虚拟人教练价格更为经济实惠。

❸ 消除压力：虚拟人教练的存在消除了传统陪练中的人际交往压力，可以让学生在更加放松的状态下进行口语练习。

**专家提醒**

在练习过程中，火花口语会即时反馈学生的发音、语法和词汇使用情况，并提供即时的评分和建议。结束练习后，学生可以获得智能学习报告，系统性地查漏补缺，全面提升口语能力。另外，火花口语还深度打磨了100多个实用且常见的场景，如餐厅点餐、机场登机等，旨在帮助学生在不同情境下练习口语。这种沉浸式的学习方式能够有效地提升学生的实用生活口语能力。

# 3.2  AI 助力提高教师数字素养

在数字化时代背景下，教师的数字素养已成为教育领域的关键能力之一。AI 技术的快速发展，为提升教师的数字素养提供了新的机遇和工具。本节将探讨 AI 如何助力教师提高数字素养。通过 AI 的辅助，教师能够更有效地整合技术与教学，促进教育创新，提高教学质量，最终实现教育现代化的目标。

## 3.2.1  AI 辅助教师成为学习兴趣激发者

在教育行业，AI 不仅能极大地丰富教师的教学手段，还能够帮助教师有效地提高学生的学习兴趣和动力。AI 通过其强大的数据处理、分析能力和个性化学习推荐系统，能够促进学习过程的互动性和趣味性。下面是一些 AI 辅助教师激发学生学习兴趣的具体方式。

❶ 个性化学习路径：AI 能够基于学生的学习数据（如成绩、答题速度、错误类型等），分析出每个学生的学习习惯、能力水平和兴趣偏好，从而为他们量身定制学习路径。这种个性化的学习方式能够确保学生接触到最适合自己的内容，减少无效学习，提高学习效率，同时也更容易激发他们的学习兴趣。

【案例 19】"小 P 老师"：AI 家庭教师引领学习新体验

网易有道推出的 AI 家庭教师"小 P 老师"，是一款基于"子曰"教育大模型的全科学习助手。"小 P 老师"能够为学生提供全学段、全学科的知识答疑，覆盖了语文、数学、英语、物理、化学、生物、历史、地理、信息、科学等 10 大科目，相关示例如图 3-8 所示。

"小 P 老师"具备苏格拉底式的多轮交互引导式教学能力，能够激发学生的思考和主动性，支持文本、图片、音频等多种输入方式，并具备全场景识别能力。

目前，"小 P 老师"已经在家庭辅导和语言学习两大教育场景中落地，同时在有道 AI 学习机 X20 搭载的"小 P 老师"中实现全科答疑，成为国内首个实现此功能的 AI 家庭教师。另外，"小 P 老师"还作为智能助手协助有道词典进行全面 AI 化，重塑了用户与词典的互动方式。图 3-9 所示为"小 P 老师"的 AI 查词功能示例。

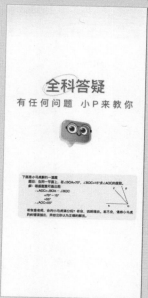

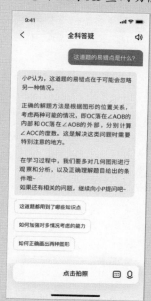

**图 3-8 "小 P 老师"的知识答疑示例**

**图 3-9 "小 P 老师"的 AI 查词功能示例**

有道"子曰"教育大模型 2.0 版本对"小 P 老师"进行了定向优化，在知识记忆、多模态理解和逻辑推理等方面均有大幅提升，实现了知识库的扩容，从而能够支持"小 P 老师"在多种场景下进行互动答疑，其性能表现和生成质量将全面升级。

"小 P 老师"的问世，标志着教育领域迎来了一次划时代的进步，解决了家长们长期以来的困扰，提供了一个全面而深入的知识库，用孩子们能够理解的语言来解答各科问题。

"小 P 老师"不仅在软件上取得了成功，还与硬件结合，提供了更丰富的实用经验，效果立竿见影。例如，融入了"小 P"的有道词典 10.0 版本上线仅两个月，相关 AI 功能的使用人数就增加了 30%，带动 AI 功能收入提升了 150%。这证明了广大用户愿意为 AI 大模型带来的高质量服务体验买单，如图 3-10 所示。

**图 3-10 融入了"小 P"的有道词典**

随着技术的不断发展，"小 P 老师"将不断延伸场景，实现与用户需求的无缝对接，广泛出现在课堂、游学、阅读乃至青少年心理辅导等实用场景，成为一款无处不在、随时响应的 AI 全科学习助手，真正用科技助力学习效率跃升，实现教育高质量发展。

❷ 智能辅导与即时反馈：AI 可以作为智能辅导工具，为学生提供即时的学习反馈。无论是解题过程中的错误提示，还是知识点掌握情况的评估，AI 都能迅速给出，并引导学生自我修正和深入理解。这种即时反馈机制，可以让学生感到学习是即时有效的，从而增加他们学习的成就感和动力。

❸ 互动式教学体验：AI 可以创造出生动有趣的互动式教学场景，如虚拟实验室、游戏化学习平台等。这些平台通过模拟真实情境、设置挑战任务等方式，能够让

学生在轻松愉快的氛围中学习新知识，极大地提升学习的趣味性和吸引力。

❹ 情感识别与激励：部分先进的 AI 系统还具备情感识别能力，能够分析学生的面部表情、语音语调等，判断其学习状态和情感变化。基于此，AI 可以适时地给予鼓励、表扬或调整教学策略，以便更好地激发学生的学习动力和积极性。

❺ 资源推荐与发现：AI 可以根据学生的兴趣和需求，从海量教育资源中精准地推荐相关的学习材料、视频课程或项目案例。这种定制化的资源推荐，不仅能够拓宽学生的知识视野，还能帮助他们发现新的兴趣点，进一步激发学习热情。

❻ 智能评估与报告：AI 能够对学生的学习成果进行全面、客观地评估，并生成详细的学习报告。这些报告不仅能为教师提供调整教学策略的依据，也能让学生和家长清晰地了解学生的学习进展和优势劣势，从而更有针对性地制订学习计划，保持学习动力。

通过这些方式，AI 不仅能增强教师的教学能力，还能为学生提供更加个性化和富有吸引力的学习体验。随着 AI 技术的不断发展，未来的教育将更加注重激发学生的内在学习动力，培养他们的创造力和批判性思维。

## 3.2.2　AI 辅助教师成为能力培养者

在教育的广阔舞台上，AI 正在悄然扮演着变革者的角色，助力教师从知识的传授者转变为能力的培养者。这一转变，使教育更加聚焦于激发学生的潜能、培养其创新思维与解决问题的能力。在 AI 的赋能下，教师得以释放更多精力，专注于引导学生探索未知、挑战自我。下面是 AI 辅助教师成为能力培养者的几个方面。

### 1. 助力精准备课

AI 可以帮助教师实施学情调查，通过数据分析得出学情"诊断报告单"，使教师能够更精准地了解每个学生的学习起点和兴趣点。这种基于数据的学情分析，有助于教师实现"以学定教"，即根据学生的实际情况调整教学策略和教学内容。

另外，智能备课系统可以结合教学目标和学情，为教师推送优秀的关联资源，如在线课程、电子图书、教学视频等，从而丰富课堂教学的内容，提高备课的效率和质量。

### 【案例 20】包阅 AI：教师备课与文档处理的智能伙伴

包阅 AI 是一款专为教师设计的高效阅读和备课工具，具备强大的文档总结能力。它能够迅速分析并总结长达 200 页的文档，一键提炼关键信息，并自动生成思维导图，极大地提升教师处理大量教学资料的效率。相关功能如图 3-11 所示。

作为教师的智能教学助手，包阅 AI 提供了全面的辅助功能，具体如下。

❶ 备课指导：为教师提供创新的教学设计和备课资源，简化教学准备过程。包

阅 AI 可以根据教师上传的课程内容，自动提取文章摘要，生成全文速读、大纲和思维导图等内容。相关示例如图 3-12 所示。

图 3-11　包阅 AI 的教学助手功能

图 3-12　根据课程内容生成思维导图的相关示例

❷ 教学大纲优化：包阅 AI 能够智能分析现有教学大纲，提出改进建议，确保教学内容的完整性和逻辑性。相关示例如图 3-13 所示。

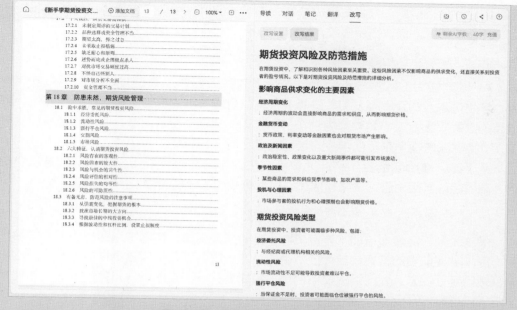

**图 3-13　教学大纲优化的相关示例**

❸ 截图问答: 通过截图提问, 包阅 AI 能够快速提供准确的答案和详细解释, 增强课堂互动。

❹ 课程辅导: 根据学生的学习情况, 包阅 AI 能够提供个性化的辅导建议和相关资源, 帮助学生攻克学习难题。

包阅 AI 的智能文档改写功能, 使教师能够根据不同的教学场景和目标读者, 快速调整文档的内容和风格。这一功能显著提高了教学文档的编写速度, 教师可以在短短 10 分钟内完成一周的教学计划, 或者在 5 分钟内生成 200 条期末评语, 极大地节省了教师的时间和精力。

通过包阅 AI 的应用, 教师可以更专注于提高教学质量和学生互动, 同时减少备课和文档处理的负担。该案例展示了 AI 技术在教育领域的实际应用, 为教师提供了一个强大的智能辅助工具, 推动了教育创新和效率提升。

### 2. 实现差异教学

AI 可以通过智能导师系统, 为学生提供差异化指导。智能导师系统通过与学生交互, 分析其行为数据, 根据学习者类型提供有针对性的学习内容、学习路径和学习策略。这种个性化的教学方式, 不仅能够减轻教师的负担, 还能够实现因材施教。

### 3. 优化作业批改与辅导

AI 测评系统能够自动批改作业和考试试卷, 减轻教师的批改负担。同时, AI 测评系统还能分析错题，为学生提供个性化的辅导建议，帮助学生了解自己的学习薄弱点，并智能配题、推送拓展资源，以弥补短板、发展长处。

### 4. 提供教学全息画像与综合评价

AI 以其强大的数据分析能力，深化了教育数据的采集过程，实现了对教学行为、学生情感波动及思维发展轨迹等多维度信息的即时捕捉与整合。这种全方位、多模态的数据收集方式，为教师构建了一个立体化的学生学习画像，使他们能够拥有更多元、更深入的视角来审视学生的学习状况。

基于此，教师能够更加精准地识别学生的学习需求与难点，进而实施更加个性化、高效的教学策略进行调整与优化，以促进每位学生的全面发展与健康成长。

### 5. 提升教师技术应用能力和创新能力

借助人工智能技术培训与教育资源平台的强大支撑，教师得以拥抱广阔的学习空间，深入掌握前沿的信息化教育技术手段。这一过程不仅能够显著增强教师在技术应用领域的专业能力，还能够促使他们更加自如地将 AI 技术融入日常教学中，实现教学方式的智能化升级。

另外，AI 辅助的创新平台如同一座宝库，为教师群体源源不断地输送着创新资源与尖端工具，涵盖模拟教学软件、沉浸式虚拟现实技术等。教师能够灵活运用这些资源，开展教育教学实践与创新实验，勇于尝试并不断优化教学方法与策略。这一过程极大地激发了教师的创造力与探索精神，推动他们在教育领域不断突破自我，实现个人创新能力的飞跃式提升。

### 6. 增强团队合作与教研能力

AI 协作平台极大地便利了教师的远程备课与教学研究活动。在 AI 协作平台上，教师可以通过无缝的文档共享、即时的在线讨论等功能，轻松实现跨地域的课程策划与观点交流，集众人之智，共同优化教学内容，显著提升工作效率与团队协作能力。

AI 不仅全方位地助力教师提升个人教学能力，还深刻地促进了教师间团队合作与教研能力的蓬勃发展，为教师的专业成长之路铺设了坚实的基石。鉴于此，教师们应当积极拥抱 AI 技术浪潮，善于利用其强大的功能优势，不断精进自身的教学技艺，迈向更高的教育教学境界。

## 3.2.3　AI 辅助教师成为心灵沟通者

在信息化高速发展的今天，学生心理健康问题日益凸显，而传统心理教育手段往往难以全面覆盖和及时响应。由中华人民共和国教育部等 17 部门联合印发的《全面加强和改进新时代学生心理健康工作专项行动计划（2023—2025 年）》，对心理教师提出了更高要求。然而，面对学生心理问题的隐秘性和复杂性，单纯依靠人工干预显得力不从心。

利用先进的 AI 技术，教师能够更精准地监测学生的心理健康状况，及时发现潜在的问题与困扰。AI 能够分析学生的学习行为、情绪变化等多维度数据，为教师提供个性化的心理健康报告。

通过运用 AI 技术，教师可以更加细致地了解每位学生的内心世界，为他们量身定制心理辅导方案，确保每一位学子都能在成长的路上得到适时的关怀与引导。在个性化辅导的过程中，AI 不仅是技术的提供者，更是情感的传递者，它可以帮助教师以更加科学、高效的方式，与学生建立深厚的情感联系，让学生感受到来自教师的温暖与支持。

这种基于 AI 技术的情感支持，让教育变得更加人性化，也让学生的学习生活充满阳光与希望。因此，教师应当积极拥抱 AI 技术，让 AI 成为教师心灵的助手，共同守护每一位学生的健康成长，让教育的未来变得更美好。

## 【案例 21】 "健康同学"：助力教师成为学生心灵健康的守护者

"健康同学"推出了一款心理感知智能产品，旨在通过 AI 技术赋能心理教育，助力教师成为学生心灵健康的沟通者和守护者。

"健康同学"创新性地将 PDCA（Plan-Do-Check-Act，计划—执行—检查—行动）戴明环模型引入心理健康管理领域，构建了一个集报告分析、调整优化、指导教育、实践监测等功能于一体的闭环体系，如图 3-14 所示。

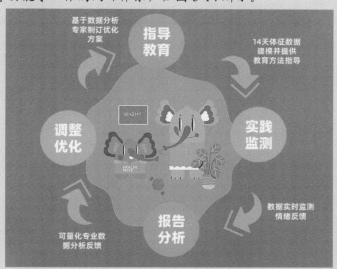

**图 3-14　PDCA 循环体系**

PDCA 循环体系融合了亲子情绪共生力教育的培养策略、情绪感知手环的不间断监测功能、依托 AI 算法的深入分析能力，以及由资深名师提供的个性化指导服务，共同打造了一个独具特色的心理健康管理 PDCA 循环模式。

"健康同学"产品的主要亮点如下。

❶ 智能监测与预警：利用情绪感知手环，结合 PPG（Photoplethysmography，光电容积描记）传感技术，无感监测学生的心率、血压、体温等生理数据，通过 AI 算法分析心率变异指标，精准识别学生情绪变化，实现对学生心理健康状态的持续追踪和异常预警。

❷ 全方位心理档案：为教师提供便捷的学生心理档案记录功能，结合心理健康测评结果和日常动态监测数据，形成学生个性化的心理画像，帮助教师更全面地了解学生的心理状态。

❸ "四位一体"工作体系：构建健康教育、监测预警、咨询服务、干预处置的闭环工作体系，通过数字化服务与传统人工服务的深度融合，确保学生心理健康问题能被及时发现、有效干预和持续跟进。

❹ 家校共育平台：家长端软件提供了阶段性成长计划、多维度心理监测、全场景数据管理等功能，促进家校之间的紧密连接和协同教育，共同关注学生的心理健康发展。

❺ 专家直播陪跑服务：提供 52 周专家直播课程体系和在线陪跑服务，让家长及教师能够随时获得专业指导和支持，共同解决学生的心理健康问题。

自"健康同学"产品应用以来，多所学校已成功建立了科学的心理健康监测与干预机制。教师能够基于 AI 分析结果，及时为有心理困扰的学生提供个性化辅导和情感支持，有效地预防了青少年抑郁等心理问题的发生。同时，家校共育平台的建立也极大地增强了家庭与学校之间的沟通和合作，形成了良好的心理健康教育合力。

"健康同学"以其创新的 AI 技术和全面的服务体系，为心理教育注入了新的活力，它不仅提升了教师的心育能力，更成为学生心灵健康的坚实守护者。

## 3.2.4　AI 辅助教师成为教育研究者

AI 技术不仅为教学带来了前所未有的便捷与个性化，更为教师向教育研究者的角色转变提供了强大助力。通过 AI 的辅助，教师们能够以前所未有的深度和广度探索教育现象，利用大数据分析、个性化教学等先进手段，提升教学效果，深化对教育的理解。下面将深入探讨 AI 如何辅助教师成为教育研究者。

### 1. AI 技术为教师提供研究工具与资源

在教学过程中，资料的搜集始终是教师们的首要职责，他们必须深入探索各类资源，在广袤无垠的学术海洋中发掘那些能够点亮学生智慧之灯的珍宝。然而，这一过程无疑是一场既耗时又烦琐的探索之旅。

AI 拥有强大的数据分析能力，能够处理海量的教育数据，包括学生的学习表现、行为模式、情感反应等。这些数据能够为教师提供丰富的研究素材，帮助他们更深入地理解学生的需求与问题，从而制定更加精准的教学策略。

同时，AI 还可以挖掘数据背后的深层次关系，揭示教育现象的本质，为教育研究提供新的视角和思路。

### 2. AI 助力教师开展实证研究

AI 可以辅助教师进行实验设计，通过模拟不同的教学场景和干预措施，预测实验结果并评估其有效性。在实验实施过程中，AI 还可以提供实时监控和反馈功能，帮助教师及时调整实验方案以应对突发情况。这种基于 AI 技术的实证研究方法，能够大大提高研究的科学性和准确性。

AI 能够自动对实验数据进行处理和分析，生成详细的报告和图表。教师可以利用这些结果来验证自己的教育假设和理论模型，并对其进行深入的解释和讨论。同时，AI 还可以提供多种可视化工具来展示实验结果，使教师能够更直观地理解数据背后的含义和规律。

**【案例 22】北京大学：AI 辅助下的口腔医学实验设计创新**

在口腔医学教育领域，实验技能的培养是至关重要的一环。北京大学口腔医学院通过构建口腔虚拟仿真智慧实验室，实现了虚拟仿真技术、大数据与智能管理的深度融合，为学生提供了创新学习平台，如图 3-15 所示。

图 3-15　口腔虚拟仿真智慧实验室

口腔虚拟仿真智慧实验室的相关介绍如下。

❶ 实验目标：利用 AI 技术辅助教师设计高效、精确的口腔医学实验，提高学生

的实践技能和临床思维能力。

❷ 实验环境：实验室由讲授区、线上训练区和虚拟仿真训练区组成，其中，线上训练区和虚拟仿真训练区均配备了先进的 AI 辅助系统。

❸ AI 辅助功能：AI 系统根据学生的学习进度和表现，提供个性化的训练计划和反馈。同时，线上训练区和虚拟仿真训练区的 AI 系统能够对学生的操作进行实时评估和反馈。

❹ 实验流程：在讲授区，学生可以接受理论知识的讲解；在线上训练区，学生通过虚拟仿真软件进行初步的操作练习，AI 系统提供初步评估；在虚拟仿真训练区，学生可以进行更高级的操作训练，AI 系统提供详细的力反馈和操作指导。

❺ 实验亮点：教学模式创新，打造结合线上线下、虚实结合的多模式教学，优化训练手段，提升教学质量；实验室包含多项由北大口腔自主研发的虚拟仿真教学设备、系统和资源。

❻ 智能管理：运行管理模式创新，实现智能预约、管理、评价一体化，提高实验室运行效率。

口腔虚拟仿真智慧，实验室提供的虚拟仿真技术、大数据支持及智能管理系统，不仅丰富了教学手段，还为教师提供了深入研究教育现象和规律的平台。教师能够在此设计并实施教学实验，收集并分析数据，从而验证假设，优化教学策略。实验室的资源共享与交流机制，也有助于教师与其他教育者合作，共同推动教育研究的进步。

口腔虚拟仿真智慧实验室的建设和应用，不仅提升了教学质量，还为国内外口腔医学院校的虚拟仿真教学建设提供了重要的示范和参考。

### 3. AI 促进教师研究能力的提升

AI 技术的应用要求教师掌握一定的数据处理和分析能力。为了适应这一变化，教师需要不断学习和提升自己的研究方法与技能水平。通过参加培训课程、阅读相关文献和参与学术交流等方式，教师可以逐步掌握 AI 技术在教育研究中的应用技巧和方法论基础。

AI 技术不仅改变了教育研究的方法论体系，还拓展了教师的研究思维与视野。在 AI 技术的驱动下，教师需要从更加宏观和系统的角度来审视教育问题，关注教育技术、教育政策、教育环境等多种因素对教育的影响。这种跨学科的研究思维，有助于教师形成更加全面和深刻的教育见解与理论贡献。

### 4. AI 与教师合作的实践案例

许多高校和中小学已经开始引入智能助教系统来辅助教师教学和研究工作。这些系统能够根据学生的学习进度和反馈，自动生成个性化的学习计划和作业安排；同时，它们还能为教师提供学生的学习数据分析和学习路径规划等支持服务。通过与智能助教系统的合作，教师可以更加专注于教学和研究工作本身，而无须过多地关注琐碎的事务性工作。

另外，一些教育科研机构已经开始利用 AI 技术开展科研项目研究。例如，利用 AI 技术对学生学习过程中的情绪变化进行实时监测和分析，以探索情感因素对学生学习效果的影响；或者利用 AI 技术对教师的教学行为进行自动评估，以优化教师的教学策略和方法；等等。这些科研项目不仅推动了 AI 技术在教育领域的应用和发展，还促进了教师对教育问题的深入思考和研究。

## 3.2.5　AI 辅助教师成为教学内容创新者

AI 不仅重塑了传统的教学方式，更为教师提供了前所未有的内容创新工具与平台。通过深度整合 AI 技术，教师能够以前所未有的灵活性和创造力，重塑教学内容与形式，为学生带来更加个性化、高效且富有吸引力的学习体验。

下面将从内容创新的工具、内容形式的变革、对教师的作用和对学生的影响等角度，深入探讨 AI 如何助力教师成为教学内容的创新者。

1. 内容创新的工具

AI 为教师提供了丰富多样的内容创新工具，如智能备课系统、个性化学习路径规划、自动评估与反馈机制等。这些工具能够基于大数据分析，精准地把握学生的学习需求与兴趣点，为教师提供定制化的教学资源和策略建议，极大地丰富教学内容的创新维度。

**【案例 23】Fetchy：专为教育工作者设计的生成式 AI 平台**

在当今快速发展的教育领域，教师们面临前所未有的挑战：如何在有限的时间内创造高质量、个性化的教学内容，同时保持与学生及家长的紧密沟通？作为一款专为教育工作者量身打造的生成式 AI 平台，Fetchy 应运而生。

Fetchy 不仅是一个工具，还是教育创新的加速器。Fetchy 深度融合了先进的人工智能技术，旨在通过自动化和智能化手段，帮助教育工作者简化烦琐的工作流程，释放教学创造力，提升教学质量。从课程计划到学生沟通，从历史课的多元视角探索到科学实验的精准指导，Fetchy 无所不能。图 3-16 所示为使用 Fetchy 生成的小学教学内容示例。

Fetchy 的核心功能与应用如下。

❶ 智能生成课程计划：Fetchy 能够根据教学大纲、学生水平及教师偏好，自动生成个性化的课程计划。这些计划不仅内容丰富、结构清晰，还融入了最新的教育理念和教学方法，确保每一堂课都能激发学生的学习兴趣，提升学习效果。图 3-17 所示为使用 Fetchy 生成教学内容的简要流程。

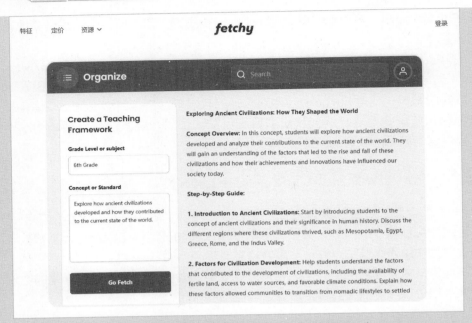

图 3-16　Fetchy 生成的小学教学内容示例

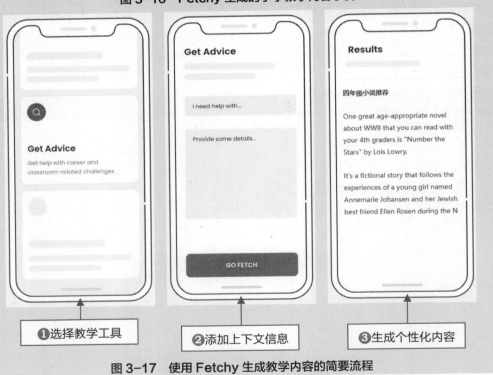

图 3-17　使用 Fetchy 生成教学内容的简要流程

❷ 多视角学习体验：对于历史等需要深入理解的学科，Fetchy 提供了独特的多视角学习体验。教师可以利用该平台轻松整合来自全球各地的历史资料、专家解读及不同文化背景下的观点，让学生能够从多个角度审视历史事件，培养批判性思维和全球视野。

❸ 科学实验与探究的智能化辅助：在科学实验教学中，Fetchy 同样发挥着重要作用，它不仅能根据实验需求自动生成详细的实验步骤、安全指南及预期结果，还能通过虚拟现实技术模拟实验过程，让学生在安全的环境中进行实验操作，加深对科学原理的理解。

❹ 高效通讯与家校互动：Fetchy 集成了强大的通讯功能，可以帮助教师快速生成时事通讯、家长会邀请函及学生表现报告。这些通讯、函件或报告不仅设计专业、内容精准，还能根据接收者的偏好进行个性化定制，有效地提升家校沟通的效率和质量。

自推出以来，Fetchy 已经受到了广大教育工作者的热烈欢迎，它不仅显著减轻了教师的工作负担，提高了教学效率，更重要的是，它激发了教师的教学创新热情，促进了教育内容的个性化和多样化发展。学生们在 Fetchy 的辅助下，学习兴趣更加浓厚，学习效果显著提升。

## 2. 内容形式的变革

AI 技术的融入，使得教学内容的形式更加多样化和互动化。教师可以通过虚拟现实、增强现实等前沿技术，创造沉浸式学习环境，让学生在虚拟空间中探索知识。同时，教师还可以利用自然语言处理技术，实现人机对话式教学，使学习过程更加生动有趣。这些新的教学内容形式不仅能提升学生的学习兴趣，还能促进知识的深度理解和应用。

## 3. 对教师的作用

AI 作为教师的得力助手，有助于减轻其重复性的工作负担，如作业批改、成绩统计等，使教师有更多的时间和精力投入到教学内容的创新和教学策略的研究中。此外，AI 还能为教师提供个性化的专业发展建议，帮助其不断提升教学的能力和素养，成为更加优秀的教育工作者。

## 4. 对学生的影响

对学生而言，AI 辅助下的教学内容创新，带来了更加个性化、高效的学习体验。学生可以根据自己的学习节奏和兴趣点选择合适的学习路径和资源，实现自主学习和深度学习。同时，AI 的即时反馈机制也让学生能够及时了解自己的学习成效，从而调整学习策略，提高学习效率。

# 3.2.6  AI 辅助教师成为终身学习的示范者

如今，教育不再是一成不变的"单向灌输"，而是一个持续探索与成长的旅程。教师作为知识的引路人，其角色的转变尤为重要。随着人工智能技术的飞速发展，其在教育领域的应用为教师赋予了新的使命——成为终身学习的示范者。AI 不仅优化了教学手段，更激发了教师持续学习、勇于创新的精神，绘制了一幅教育未来的新图景。

终身学习的示范者，是指那些在教育实践中不断追求新知、勇于自我提升，并以身作则，激励学生养成终身学习习惯的教师。他们认识到，在这个日新月异的时代，唯有不断学习，方能跟上时代的步伐，从而有效地引导学生面对未来挑战。作为教师，其学习态度、方法及成果，都会对学生产生深远的影响，成为学生模仿的榜样。下面主要分析 AI 如何辅助教师成为终身学习的示范者。

## 1. 教师的 AI 技能自我提升

在人工智能日益普及的今天，教师的 AI 技能自我提升已成为教育领域的重要议题。作为教育工作的主体，教师不仅需要掌握传统的教学技能，还需要紧跟时代步伐，积极学习并应用 AI 技术，以更好地服务于教学和学生的发展。

❶ 主动学习 AI 基础知识：教师应从基础入手，学习人工智能的基本概念、原理及其在教育领域的应用前景，并通过阅读专业书籍、参加在线课程或研讨会等方式，不断提升自己的 AI 素养。

❷ 掌握 AI 教学工具：随着 AI 技术的不断发展，各种教学工具应运而生，教师应积极尝试并熟练掌握这些工具，如智能批改系统、个性化学习推荐系统、虚拟助教等，以提高教学效率和质量。

❸ 实践与应用：除了理论学习之外，更重要的是将 AI 技能应用于教学实践中。教师可以通过设计 AI 辅助教学方案、开展智能课堂实验等方式，不断探索 AI 在教学中的最佳应用模式。

❹ 反思与总结：在应用 AI 技术的过程中，教师应保持反思精神，及时总结经验和教训。通过对比传统教学与 AI 辅助教学的效果，不断优化教学策略，提升自己的教学能力。

## 2. 终身学习理念在教学中的应用

终身学习作为一种先进的教育理念，对教学产生了深远影响。在教学过程中，教师应积极践行终身学习理念，在 AI 的帮助下引导学生树立终身学习的观念，培养他们的自主学习能力和创新精神。终身学习理念在教学中的具体应用如下。

❶ 培养学生的自主学习能力：教师应改变传统的灌输式教学方式，注重引导学生主动探索、主动思考。教师应通过设计开放性问题、组织小组讨论等方式，激发学生的学习兴趣和求知欲，培养他们的自主学习能力。

❷ 注重实践与创新：终身学习理念强调知识的应用和创新。在教学过程中，教师应注重学生的实践操作和创新能力的培养，通过组织实验、项目实践等活动，让学生在实践中掌握知识、提高解决问题的能力。

❸ 引入多元化学习资源：随着信息技术的发展，学习资源日益丰富，教师应积极引入多元化学习资源，如在线课程、数字图书馆、虚拟实验室等，为学生提供更加广阔的学习空间。同时，教师还应鼓励学生利用这些资源进行自主学习和探究。

## 【案例 24】AI 研修：助力教师个人成长、能力提升的学习平台

学科网旗下的 AI 研修是一个专注于教师基本技能提升和职业发展的视频课程平台，如图 3-18 所示。AI 研修平台利用先进的人工智能技术，为教师提供个性化、精准化的学习资源和服务，旨在帮助教师不断地提升教学能力，成为终身学习的示范者。

**图 3-18 AI 研修平台上的相关视频课程**

AI 研修平台的定位如下。

❶ 目标用户：全国中小学教师、教育行业管理者、师范类院校学生等。

❷ 目标定位：通过提供丰富多样的视频课程资源，解决教师实际教学问题，提升业务水平，助力教师职业发展。

AI 研修平台通过提供视频课程类产品，帮助教师在教学教研、教学基本技能、班主任工作、课堂管理以及心理健康等多方面进行研修和学习。另外，AI 研修平台还探索了基于"互联网＋"的智能精准教研模式，为教师提供了一个在线备课磨课、大规模在线听评课、智能精准教研、优质课评选等应用的多功能平台。

❹ 建立终身学习评价机制：为了促进学生的终身学习，教师应建立科学的评价机制，通过定期评估学生的学习成果、学习态度和学习方法等情况，及时发现问题并给予指导。同时，教师还需鼓励学生进行自我反思和评价，培养他们的自我评价能力和自我发展能力。

通过不断地提升自身的 AI 技能水平，教师可以更好地运用 AI 技术服务于教学；而通过践行终身学习理念，并引导学生树立终身学习的观念，教师还可以为学生的全面发展奠定坚实的基础。

总之，AI 正以前所未有的方式助力教师成为终身学习的示范者，不仅能提升教师自身的专业素养，还能为培养适应未来社会的人才奠定坚实的基础。

# 第 4 章

## 学生自主学习：
## AI 驱动的学习方式变革

随着人工智能技术的飞速发展，我们正站在教育革新的门槛上。AI 不再只是科幻小说中的概念，它已经走进了我们的教室，成为学生自主学习的得力助手。本章将带大家一探究竟，了解 AI 如何重塑学习生态、如何激发学生的内在动力，以及如何培养学生独立思考和学习的能力。

# 4.1 在 AI 支持下，学生学习有哪些好处

在 AI 的光辉照耀下，学生们的学习之旅变得更加个性化和高效。AI 不仅能够激发学生的学习兴趣，还能提高他们的学习效率，成为学生学习的强大助力。本节将带大家领略 AI 为学生的学习带来了哪些好处。

## 4.1.1 智能反馈与评估

AI 在学生学习过程中带来了诸多好处。其中，智能反馈与评估是其显著优势之一，它不仅有助于提高学生的学习效率，还能促进个性化教学的发展。下面是 AI 在提供智能反馈与评估方面对学生学习的好处。

❶ 即时反馈：AI 技术能够即时分析学生的学习表现，包括作业、测试甚至课堂上的互动，并立即提供反馈。这种即时性有助于学生迅速认识到自己的错误或不足之处，避免错误的知识点长时间得不到纠正。

❷ 个性化评估：每个学生都有其独特的学习风格和进度，AI 通过分析学生的学习数据，如答题速度、错误类型、知识点掌握情况等，能够生成个性化的评估报告。这种评估不仅关注学生的整体表现，还深入到具体的学习细节，为每个学生提供量身定制的学习建议。

❸ 精准定位弱点：AI 能够精准识别学生在学习过程中的薄弱环节。通过大数据分析，AI 可以发现学生对哪些知识点的掌握不够牢固，或者在哪种题型上容易出错。这种精准定位有助于学生和教师有针对性地进行复习和讲解，提高学习的针对性和有效性。

❹ 动态调整教学内容：基于学生的学习进度和反馈，AI 能够动态地调整教学内容和难度。对于已经掌握的知识点，AI 可以减少相关练习；而对于学生难以理解的知识点，AI 则会提供更多的解释和练习，以确保学生能够全面掌握知识。

❺ 鼓励自主学习：智能反馈与评估机制能够激发学生的自主学习兴趣。当学生看到自己的学习成果得到即时反馈，并且能够根据反馈调整学习策略时，他们会更加积极地参与学习过程。同时，AI 还能提供丰富的学习资源和推荐，帮助学生拓展学习视野。

【案例 25】科大讯飞星火智慧黑板：智能技术赋能学生个性化学习

科大讯飞星火智慧黑板是一款集成了先进人工智能技术的互动教学设备，如图 4-1 所示。它通过搭载星火 3.5 认知大模型，实现了多模态理解与推荐、全自然交互、虚

拟人辅教、智慧化录课与课堂分析、智能批改与讲评等核心技术，极大地提升了课堂教学的互动性和效率。

**图 4-1　科大讯飞星火智慧黑板**

例如，在某中学的数学课堂上，教师正使用科大讯飞星火智慧黑板进行教学。这堂课的主题是"几何证明"。教师首先在黑板上用星火智能笔勾勒出几何图形，AI 即刻识别并数字化这些图形，同时提供相关的教学资源和解题思路，使得抽象的几何概念变得更加直观易懂。

在课堂练习环节，学生们被要求完成几个几何证明题。他们可以直接在星火智慧黑板上作答，AI 系统会实时提供智能反馈和评估。对于每个学生的解答，AI 能够快速识别解题步骤中的错误，并给出具体的改进建议，帮助学生及时纠正理解偏差，加深对几何证明方法的掌握。

另外，星火智慧黑板的"星火讲评"模式，让教师能够针对共性问题进行精讲精授，同时根据 AI 的分析结果为个别学生提供个性化的辅导。课后，教师可以通过"星火智录"功能，将课堂实录和学生的答题过程进行结构化整理，形成课堂纪要和思维导图，帮助学生回顾和巩固知识点。

## 【案例 26】Duolingo：通过 AI 算法评估学生的英语能力

Duolingo 是一家知名的教育科技公司，其开发的 Duolingo English Test（多邻国英语测试）是一个由人工智能技术赋能的英语水平评估测试。这项测试利用机器学习和自然语言处理技术来实现全流程的自动化和个性化，包括试题开发、测试流程、试卷评分和过程监控。图 4-2 所示为 Duolingo English Test 的成绩单示例。

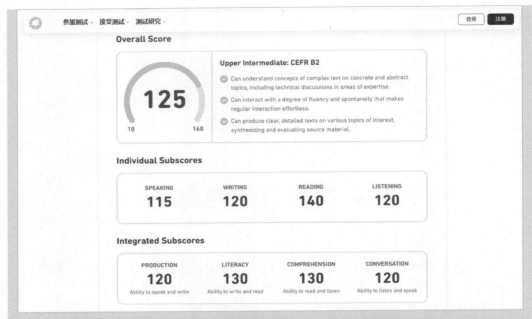

**图 4-2　Duolingo English Test 的成绩单示例**

　　Duolingo English Test 的评分系统采用统计机器学习算法，根据考生的回答内容进行评分。值得注意的是，考生在每个题目上所花费的时间并不影响评分，答错题目与跳过不答在评分上没有区别。另外，填空题中留空不填与填错答案得分相同；而在听写题中，漏写单词的扣分比拼写错误的扣分更多。

　　Duolingo English Test 是首个也是唯一一个在每个步骤都使用 AI 和机器学习技术的高风险测试。这种测试可用于自动创建成千上万的测试题目，评估每个测试题目的语言能力要求，自适应地管理每个测试的题目，自动评分考生答案，以及综合所有信息生成最终的测试分数。

　　在 Duolingo 应用中，学生还可以通过完成各种口语练习任务来提升自己的口语能力。例如，学生可以与 AI 角色进行对话练习，或者通过朗读、模仿等方式来提高发音准确性。在练习过程中，Duolingo 会实时评估学生的口语表现，并给出相应的反馈和建议。图 4-3 所示为 Duolingo 应用中的学习任务。

　　另外，Duolingo 还通过与其他 AI 技术的结合，如 GPT-4 等，能够进一步提升口语评估的准确性和个性化程度。例如，通过 GPT-4 的支持，Duolingo 能够更好地理解学生的口语表达意图，提供更准确、更有针对性的学习反馈和指导。

　　通过 AI 技术的应用，Duolingo 不仅提高了教学内容的质量和个性化水平，还为全球学习者提供了一款便捷、高效、可靠的英语能力评估工具。

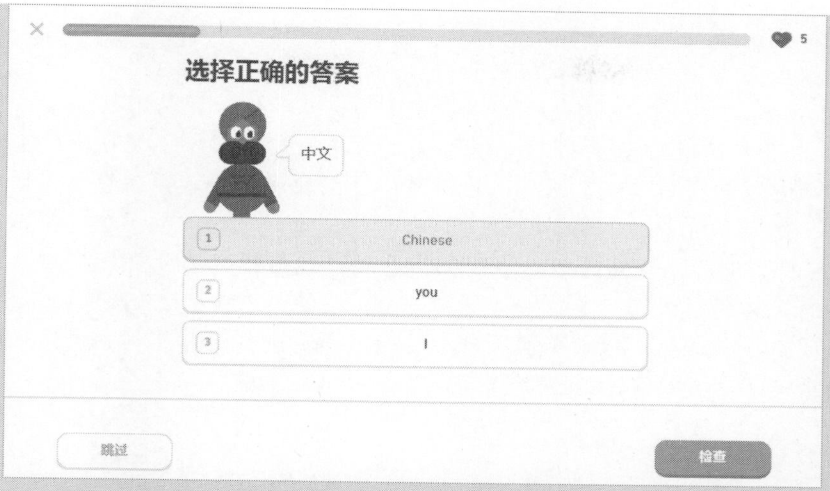

图 4-3　Duolingo 应用中的学习任务

**专家提醒**

GPT（Generative Pre-trained Transformer，生成预训练变压器）是一种大型语言模型，由人工智能研究实验室 OpenAI 开发，用于生成自然语言文本。GPT 模型通过深度学习技术，学习了大量的文本数据，从而能够生成连贯、语法正确的句子和段落。随着版本的迭代，从 GPT-1 到 GPT-3，再到最新的 GPT-4，这些模型在生成文本的质量和能力上都有了显著提升。

## 4.1.2　增强学习动力和兴趣

AI 在教育中的应用，极大地增强了学生的学习动力和兴趣。AI 通过分析学生的学习记录、学习习惯和能力，为他们提供个性化的学习资源和方法。这种定制化的学习体验使学生感到被重视，让学习变得更有针对性，从而提高学生的学习动力。

例如，AI 可以根据学生的学习进度和错误率，自动调整学习内容的难度和深度，确保每个学生都能在适合自己的水平上进步。

AI 还可以通过情感分析和智能反馈，识别学生的情绪状态，并提供相应的情感支持和指导。当学生遇到挫折或困难时，AI 可以通过鼓励、正向反馈和建议，帮助学生克服困难，保持积极的学习态度。这种情感上的支持对增强学生的学习动力至关重要。

**【案例 27】Woebot：在教育中倡导情感福祉的聊天机器人**

Woebot 是一款由临床心理学家 Alison Darcy（艾莉森·达西）研发的聊天机器人，它基于认知行为疗法（Cognitive Behavioral Therapy，CBT）原理，关注用户如何理解事件，而非事件本身。Woebot 通过收集情感数据，并定期询问用户状况，使用机器学习技术来辅助用户分析心理状况。

Woebot 的主要功能包括提供情绪管理支持、基于认知行为疗法的情绪引导，以及通过自然语言处理技术识别用户情绪并提供心理健康支持。Woebot 通过逐步指导，帮助用户思考当前情境，跟踪心境轨迹，了解自身，并获得来自临床团队的有依据的课程、练习和故事。

Woebot 的使用流程从简短的心理测试开始，然后根据用户反馈提供建议，采用基于模型自定义的模板进行多轮对话，相关示例如图 4-4 所示。Woebot 通过问答方式定期对使用者进行测试，以评估其心理变化情况，并且能够根据用户的不同需求提供个性化的对话和治疗建议。

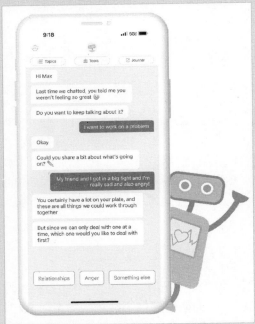

**图 4-4 Woebot 的对话场景示例**

Woebot 在临床研究中表现出改善用户情绪状态的能力。例如，在一项针对大学生的研究中，使用 Woebot 的个体报告的抑郁症状在几周内减少了 22%。此外，Woebot Health 正在开发针对产后抑郁症和青少年轻至中度抑郁的数字治疗产品。其中，针对产后抑郁症的 WB001 已获得美国食品药品监督管理局（FDA）授予的突破性设备称号。

Woebot 作为教育领域的情感智能聊天机器人，提供了一种创新方式，通过技术手段辅助心理健康教育和治疗，尤其是在资源不足的地区，为学生和教育工作者提供了额外的支持。

AI 提升学生学习动力和兴趣的主要工具如下。

❶ 互动学习工具：AI 提供了多样化的互动学习工具，如语音识别、智能助手等，学生可以通过这些工具与 AI 进行实时对话。例如，AI 智能助手能够根据学生的提问提供精准的、全面的答案，这种即时的互动体验极大地激发了学生的学习兴趣和求知欲。

❷ 游戏化学习：AI 可以利用虚拟现实、增强现实等技术，创造出真实感和沉浸感极强的游戏学习环境。在游戏化学习中，学生可以通过解决问题、完成任务等方式来进行学习，获得即时的反馈和奖励。这种学习方式不仅能增加学习的乐趣，还能提高学生的参与度和学习效果。

## 【案例 28】Carnegie Learning：利用 AI 将数学课程与游戏元素结合

Carnegie Learning 是一家在教育技术领域具有创新影响力的公司，它巧妙地利用人工智能技术将传统的数学课程与游戏元素结合，为学生带来了全新的学习体验。

Carnegie Learning 深知传统数学教学的局限性，如内容枯燥、缺乏互动性等，这些问题往往导致学生学习兴趣不高、学习效果不佳。因此，Carnegie Learning 致力于通过 AI 技术打破这些壁垒，让数学学习变得更加生动有趣。

Carnegie Learning 的 AI 系统能够根据学生的学习进度、能力水平和兴趣偏好，为其量身定制个性化的学习路径。这意味着每个学生都能获得与其自身情况相匹配的学习内容，从而提高学习效率和学习动力。

为了激发学生的学习兴趣，Carnegie Learning 将数学课程中的知识点设计成各种有趣的游戏任务，相关示例如图 4-5 所示。学生在完成这些任务的过程中，不仅能够掌握数学知识，还能体验到游戏带来的乐趣和成就感。这种寓教于乐的方式，极大地提高了学生的参与度和学习积极性。

图 4-5　Carnegie Learning 的数学游戏示例

❸ 虚拟仿真实验室：AI 还可以构建虚拟仿真实验室，为学生提供安全、低成本的实验环境。例如，在化学、物理等实验中，学生可以通过虚拟仿真实验室进行实验操作，观察实验现象，理解实验原理。这种直观、生动的学习方式能够极大地提升学生的学习兴趣和实验能力。

## 4.1.3　提高学习效率

AI 技术的运用，不仅能提升学生的学习效率，还能帮助他们优化学习策略，助力他们在学术上取得卓越成就。下面是一些利用 AI 提升学习效率的具体方法。

❶ 增强学习体验：AI 能够根据每位学生的独特学习风格和能力水平，量身定制学习内容和路径。AI 通过分析学生的过往表现和习惯，推荐适合他们的学习材料和练习题，从而提高其学习效率和知识掌握的深度。

❷ 掌握学习进度：AI 系统能够提供即时反馈，帮助学生实时了解自己的学习进展和理解程度。通过在线测试或模拟考试，AI 能够给出详尽的评估报告和改进建议，指导学生识别并强化自己的薄弱环节。

❸ 智能时间规划：AI 能够协助学生更高效地规划学习时间。AI 可以根据学生的学习计划和任务，提供学习提醒和休息建议，帮助学生维持最佳的学习节奏，避免疲劳过度。

❹ 学习资源的智能搜索与组织：AI 能够快速搜索并整理所需的学习资料。AI 利用先进的搜索算法，帮助学生搜集相关教材和信息，并进行有效的分类和整理，使学习资源更加易于访问和使用。

❺ 语音和图像处理：AI 通过语音和图像处理技术，为学生提供更好的学习体验。例如，利用语音合成技术，AI 可以将文本内容转化为语音，帮助学生通过听的方式学习；利用图像识别技术，AI 可以分析学生的手写笔记或作业，提供有针对性的改进建议。这些技术不仅能提高学习的趣味性，还能使学习过程更加直观和高效。

❻ 在线学习与远程教学：AI 平台支持在线学习和远程教学，让学生无论身处何地都能接受教育。AI 提供的在线课程、视频讲座和互动学习工具，为学生提供了灵活多样的学习方式。

AI 是一个极具潜力的学习伙伴，它能够显著提升学生的学习效率和方法。与此同时，我们也应该认识到，AI 只是一个辅助工具，真正的学习成果还需要依赖学生的主动性、参与度和持续的努力。只有通过不懈的学习和实践，学生才能深入理解知识，实现学术上的飞跃。

**【案例 29】AI 学习助手豆包：学习效率的智能加速器**

豆包，这位知识渊博的虚拟助手，以其全面的技能在多个学习领域提供支持和指导。在英语词汇学习中，豆包能够对单词的使用频率进行深入分析，并提供记忆策略，帮助学生迅速找到适合自己的学习路径。相关示例如图 4-6 所示。

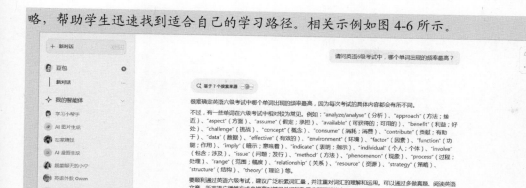

**图 4-6　用豆包分析单词使用频率的相关示例**

面对日常生活中的时间管理和任务规划难题，豆包能够根据个人情况制订个性化的学习计划，帮助学生提高效率及优化时间分配。在阅读一本新书之前，豆包能够提供书籍的概要，包括内容、主题、情节发展等，让学生在阅读前对书籍有一个全面的认识，增加阅读的期待和乐趣。

在语言翻译领域，豆包不仅能提供翻译服务，还能对翻译文本进行润色，确保语言的流畅性、自然性和准确性。对于外语学习中的词汇、语法、发音和语用问题，豆包都能提供专业的指导和建议，帮助学生全面提升外语能力。

豆包具备丰富的词汇量和专业的语言处理能力，无论是专业学习还是文化背景知识，它都能提供详尽的解释和建议。豆包还能与学生进行外语对话练习（相关示例如图 4-7 所示），提升他们的口语能力，并协助其进行翻译训练，提高翻译技巧。

除了文本功能，豆包的图片生成功能可以根据描述生成相应的图像，如"春日校园的水彩画"，为学习增添视觉享受。相关示例如图 4-8 所示。

豆包目前提供了网页版和 App 应用，除了上述功能外，还有许多其他热门的 AI 智能功能等待用户探索。这些功能有望为学生学习带来更多便利，提供全新的学习体验，让学生在知识的海洋中游刃有余，不断收获成长。

**图 4-7　用豆包进行外语对话练习的相关示例**

**图 4-8　豆包的图片生成功能示例**

## 4.1.4　智能辅导系统

　　智能辅导系统（Intelligent Tutoring System，ITS）是一种基于人工智能技术的教育应用，旨在模拟人类导师的辅导过程，通过提供交互式和个性化的指导来帮助学生学习。智能辅导系统能够根据学生的学习数据、能力水平和兴趣偏好，自动调整教学内容和策略，为学生提供精准、高效的辅导服务。

一些基于 AI 技术开发的智能辅导系统，如 Tutor AI 和 Syntea，能够通过模拟真实教师形象，提供个性化的辅导服务。智能辅导系统能够逐步引导学生解决问题，提供即时解答，减少了等待反馈的时间。学生可以直接在浏览器中向 AI 提问，获取来自互联网的答案，从而提高学习效率。

**【案例 30】Tutor AI：人工智能驱动的学习平台**

Tutor AI 是一个基于人工智能技术开发的智能辅导系统，它利用自然语言处理、人工智能和机器学习算法，为用户提供个性化的学习体验。Tutor AI 旨在模仿一对一导师的体验，具有随时随地可用的便利性，使用户能够自主、高效地在线学习各种主题。

Tutor AI 可以自动创建任何主题的互动内容，根据用户的学习需求和学习进度生成适合他们的课程和资料，相关示例如图 4-9 所示。通过了解用户的学习偏好和水平，Tutor AI 能够为用户提供定制化的学习路径，实现精准而高效的学习。

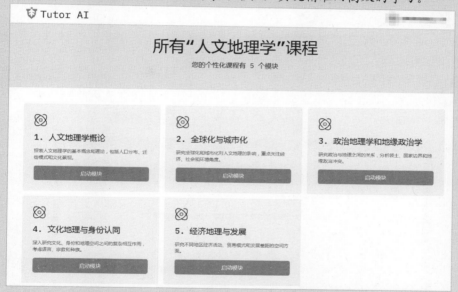

**图 4-9　使用 Tutor AI 生成的学习资料示例**

Tutor AI 涵盖物理、历史等学科领域的丰富学习资料，包括详尽的笔记、教程和测验等辅助材料。同时，Tutor AI 还提供桌面应用程序，允许用户在无干扰的窗口中运行应用程序，并提供许多增强功能，如快速管理多个账户、将应用程序和账户组织到相应类别中以便于导航。

通过个性化学习路径和自适应内容生成，Tutor AI 能够帮助学生更快地掌握知识点，提高学习效率。同时，Tutor AI 还鼓励学生自主学习，通过互动内容和实时解答，培养学生的自主学习能力和解决问题的能力。

　　智能辅导系统能够根据学生的学习数据和能力水平，为其量身定制个性化的学习路径。例如，某学生在数学中的代数部分遇到困难，智能辅导系统会自动调整学习路径，增加与代数相关的练习和讲解，同时减少学生已经掌握部分的练习量。这种个性化的学习方式使学生的学习更加高效和有针对性。

　　学生在学习过程中遇到问题时，可以随时向系统提问，并获得即时的解答和指导。这种即时反馈机制有助于学生及时了解自己的学习状况，并调整学习策略。例如，某学生在做练习题时遇到难题，智能辅导系统能够立即给出详细的解答步骤和思路提示，帮助学生快速解决问题。

## 【案例 31】作业帮学习机：尽心尽力当好"AI 辅导教师"

　　作业帮学习机是一款集成了人工智能技术的智能辅导设备，拥有丰富的教育资源，包括超过 8.5 亿道题目的行业题库、118 万本教辅资料和 265 万份试卷等，为学生提供了一个全面的知识库。

　　作业帮学习机的主要功能特点如下。

　　❶ 自动批改与视频讲解：学习机能够自动批改学生的作业，并提供视频讲解，帮助学生理解难题。

　　❷ 答疑与 AI 错题本：通过智能答疑系统，学习机能够解答学生的各种疑问，并通过 AI 错题本记录和分析学生的常见错误，帮助他们有针对性地改进。同时，AI 会自动判卷，将错题自动整理到错题本，并定制个性化练习计划，如图 4-10 所示。

图 4-10　AI 自动判卷功能

❸ 个性化学习方案：学习机内置的 AI 教师一对一诊断规划模型，能够精准地透视学生的薄弱环节，并规划出有针对性的提升方案。

❹ 全科学习资源：学习机涵盖了小学、初中、高中的全科学习资源，与学校课程同步，支持 100 多个版本教材。

❺ 原题答疑辅导：学习机能够匹配学生在纸质课本或教辅书上遇到的题目，提供参考答案并关联相应的知识点。

❻ 名师解题模型：学习机能够提供解题思路点拨、知识点精讲视频等，帮助学生深入理解题目解法。

❼ 教材同步学：学习机支持人教版原版原声教材扫读，让学生能够跟着原音学习，提高发音的标准性。

作业帮学习机通过其智能辅导系统，为学生提供了一个全方位的学习辅助工具，它不仅能够帮助学生解决作业中的问题，还能制订个性化的学习方案，帮助学生提高学习效率和成绩。

## 4.1.5　优化教育资源配置

在教育领域，教育资源的配置一直是影响教育质量和公平性的关键因素。传统的教育资源配置模式存在诸多痛点，如资源分配不均、资源利用效率低、缺乏动态调整机制等。

❶ 资源分配不均：优质的教育资源，如名师、先进教学设备等，往往集中在少数发达地区或重点学校，而偏远地区或普通学校则难以获得，这种地域性差异导致教育机会的不平等。

❷ 资源利用效率低：传统的教育资源配置往往采用"一刀切"的方式，缺乏对学生个性化需求的考虑，以致一些学生可能因学习资源过于简单或过于复杂而浪费大量的时间和精力，从而影响了学习效果。

❸ 缺乏动态调整机制：教育资源的配置往往难以根据学生的学习进度和需求进行实时调整，导致学生在学习过程中遇到问题时难以获得及时有效的支持。

随着人工智能技术的快速发展，这些问题正逐步得到解决，为学生创造了更加公平、高效的学习环境。AI 能够通过分析学生的学习数据和行为模式，为其推荐个性化的课程、教材、习题等学习资源，确保学生能够在适合自己的学习节奏和难度下进行学习。

AI 驱动的在线教育平台能够打破地域限制，让优质教育资源跨越地理障碍，辐射到更广泛的地区。学生无论身处何地，都能通过高清视频直播、互动教学工具等享受到优质的课堂教学。

另外，AI 还可以对教育数据进行分析，为政府和教育机构提供科学依据，以制定更加精准的教育资源配置策略。通过优化教育资源的分配，AI 可以确保教育资源的均衡分布和高效利用。

对于学生来说，AI 能够确保学生在适合自己的学习节奏和难度下进行学习，从而提高学习效率和学习效果。同时，每个学生都有独特的学习需求和兴趣点，AI 能够根据学生的特点进行个性化推荐和辅导，从而满足学生的个性化需求，促进其全面发展。

## 【案例 32】DreamBox Learning：利用 AI 提供有针对性的教学资源

DreamBox Learning 是一个专注于 K8 阶段（从幼儿园到五年级）的数学教育平台。该平台利用 AI 技术，通过动态评估和调整学生的学习路径，为学生提供个性化的学习体验。DreamBox Learning 不仅提供在线数学课程，还包括谜语、游戏等多样化的学习形式，以激发学生的学习兴趣和参与度。相关示例如图 4-11 所示。

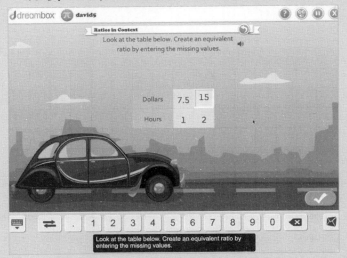

图 4-11　DreamBox Learning 的在线数学课程

DreamBox Learning 平台的 AI 系统会根据学生的数学基础和学习能力，动态地定制个性化的学习路径。这意味着每个学生都能以最适合自己的速度和难度进行学习，从而提高学习效果。同时，通过分析学生的答题情况和解决问题的方式，AI 系统能够识别学生的强项和薄弱环节，并推荐其相应的学习资源和活动。

DreamBox Learning 平台的 AI 系统还能实时监测学生的学习过程，提供及时的反馈和指导。当学生遇到难题时，AI 系统能够解答问题、解释概念，并提供练习和示例，帮助学生更好地理解和掌握知识。

DreamBox Learning 的成功，还得益于其良好的教学环境与人机结合的生态系统。在这个生态系统中，教师、学生、AI 技术和教学环境有机地结合起来，实现了优势互补和协同发展。具体分析如下。

❶ 教师角色：教师仍然是教学活动的组织者和引导者，他们可以根据 AI 系统提供的学生数据优化教学策略，制订更有效的教学计划。同时，DreamBox Learning 还能为教师提供专业发展的建议，帮助他们了解学生的学习进度情况。

❷ 学生体验：学生是学习的主体，DreamBox Learning 通过提供多样化的学习资源和形式，旨在满足不同学生的学习需求和学习风格。学生可以在游戏中学习，通过互动教学平台与同学进行交流，提高学习效果和参与度。

❸ 教学环境：良好的教学环境为 AI 技术的应用提供了支持。DreamBox Learning 易于操作，资源丰富，能够为学生提供稳定、高效、良好的学习体验。

DreamBox Learning 通过利用 AI 技术提供有针对性的教学资源，成功地实现了教育领域的个性化教学。DreamBox Learning 的成功在于结合了 AI 技术的优势与人类教师的专业知识和指导，为学生提供了更高效、更个性化的学习体验。

## 4.1.6 增强互动与协作

传统教育模式虽然历经多年发展，但仍面临以下问题。

❶ 传统课堂往往以教师为中心，学生被动接受知识，缺乏主动性和参与感。这种单向的教学模式限制了学生的思维发展和自主学习能力。

❷ 课堂互动有限，学生之间的协作机会不足，难以形成有效的学习社群和团队精神。

❸ 传统教育往往忽视学生的个性化需求，无法为每个学生提供量身定制的学习计划和资源，导致部分学生感到学习压力大、效果不佳。

面对传统教育模式中的互动不足、协作缺失等痛点，AI 以其独特的优势，为学生学习注入了新的活力，特别是在增强互动与协作方面。AI 通过智能分析学生的学习数据，提供个性化的学习资源和反馈，使学生能够更加积极地参与学习过程。同时，AI 技术还通过多种方式来促进学生之间的互动与协作，具体如下。

❶ 智能互动平台：AI 驱动的智能互动平台能够根据学生的兴趣和需求，提供丰富多样的学习内容和互动方式，如实时问答、讨论区、在线协作工具等，使学生能够在学习过程中随时提出疑问、分享见解，并与同学和老师进行深入的交流。

❷ 虚拟学习社区：AI 可以构建虚拟学习社区，让学生在不受时间和地点限制的情况下，进行实时或异步的协作学习。虚拟学习社区不仅可以促进学术讨论和合作，还能培养学生的社交技能和团队协作能力。

❸ 游戏化学习：AI 还可以将学习内容与游戏化设计相结合，通过竞赛、挑战等形式激发学生的学习兴趣和动力。在游戏化学习过程中，学生之间的协作和竞争关系得到加强，彼此之间的交流和互动更加密切。

AI 增强互动与协作对学生来说具有深远的意义。一方面，它提高了学生的学习积极性和参与度，使他们从被动接受知识转变为主动探索和学习；另一方面，通过协作学习，学生可以培养团队精神、沟通能力和解决问题的能力，这些能力在未来的工作和生活中都至关重要。

**【案例 33】ClassIn：增强学生互动与协作的在线教育新典范**

ClassIn 是由北京翼鸥教育科技有限公司倾力打造的一款在线教室直播互动系统，专注于从教育场景出发，利用先进的多路视频通信技术以及全球布点建设的云通信系统，致力于推动在线教育技术的快速发展。

ClassIn 不仅打破了地域限制，让教师和学生能够通过网络进行实时互动，还可通过丰富的功能和工具，极大地提升课堂的互动性和协作性。下面是 ClassIn 的主要功能。

❶ 高清视频直播：ClassIn 支持高清视频直播，允许多人同时在线观看，实现远程教育。这一功能打破了地域限制，让教师和学生能跨越时空界限进行实时互动。

❷ 互动教学工具：ClassIn 提供实时互动、在线问答、投票、小黑板等多种互动教学工具。这些工具不仅丰富了教学手段，还能够帮助学生更加积极地参与课堂活动，提高教学效果。例如，ClassIn 的在线教室能够轻松实现分组讨论、举手抢答等多种互动教学场景，从而显著提升教学效果。相关示例如图 4-12 所示。

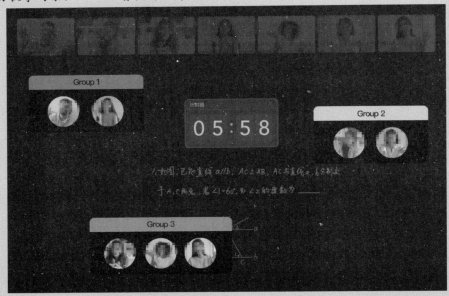

图 4-12　ClassIn 在线教室的相关示例

❸ 课程管理功能：ClassIn 具有课程创建、课程管理和课程发布等功能，使教师能够轻松管理自己的课程，以及更好地组织教学内容，提高教学效率。

❹ 数据分析功能：ClassIn 可以分析学生的学习情况，帮助教师制订更科学的教学计划。通过数据分析，教师可以更准确地了解学生的学习进度和掌握情况，从而进行有针对性的指导。

❺ 多版本和投屏功能：ClassIn 支持多个版本（Windows 版、Mac 版、Android 版、iOS 版等），方便用户在不同场景下进行在线教学和学习。同时，ClassIn 还支持投屏功能，让学生能够更清晰地看到教学内容。

❻ 课程录制与回放：ClassIn 支持课程录制和在线回放功能，这有助于学生回顾和巩固学习内容，同时方便教师进行教学反思和改进。

例如，在北京市某中学的一堂化学课上，教师利用 ClassIn 平台给学生们上了一堂生动有趣的化学课。这堂课的主题是"二氧化碳与氢氧化钠溶液反应"的实验探究。课前，教师通过 ClassIn 的课程管理功能，提前发布了预习材料和任务单，引导学生了解实验的背景知识和初步思路。

在课堂上，教师首先利用视频直播功能，为学生展示了实验的基本步骤和注意事项。随后，教师又利用 ClassIn 的分组讨论功能，将学生分成两个小组进行协作学习。在小组内，学生通过实时互动和小黑板功能，共同设计实验方案并进行讨论。教师也进入每个小组进行指导，及时发现问题并帮助学生解决问题。

在讨论结束后，小组代表通过 ClassIn 的投屏功能，将讨论结果展示给全班同学。这种方式不仅让学生更加深入地理解了实验原理和方法，还增强了他们之间的交流和协作能力。

在实验过程中，教师利用 ClassIn 的实时问答功能，随时解答学生的疑问。同时，教师还通过投票功能收集了学生对实验现象和结论的看法，并进行了汇总和分析。课后，教师通过 ClassIn 的作业发布功能，布置了相关的练习题和思考题，并在线上进行批改和反馈。

通过这种课堂实践，学生不仅掌握了"二氧化碳与氢氧化钠溶液反应"的实验原理和方法，还体验到了在线教学的便捷和高效。ClassIn 平台为师生提供了丰富的互动工具和资源支持，极大地增强了课堂的互动性和协作性。

# 4.2　AI 教育下学生学习方式的转变

在当今科技日新月异的时代，AI 教育正引领着一场学习方式的深刻变革。本节将深入探讨这一领域，揭示 AI 如何重塑学生的学习路径。从定制学习方案的个性化体验，到智能教学助手的辅助创新，再到移动学习平台打破时空界限的便捷性，AI 教育正在以前所未有的方式激发学生的学习潜能，让学习变得更加高效、灵活且充满乐趣，并展现出了 AI 教育为学生带来的全新学习图景。

# 4.2.1 定制学习方案：个性化学习体验的崛起

由于教学内容的统一性和学生个体的差异性，传统教育体系往往难以满足不同学生的个性化需求。这种"填鸭式"的教学方式忽视了学生的学习差异，导致部分学生因内容过于简单而失去兴趣，另一部分学生则因难度过大而倍感挫败。另外，教师难以对每位学生进行精准的教学评估和反馈，进一步限制了教学质量的提升。

AI 技术的引入为教育个性化提供了可能。通过大数据分析、机器学习等先进技术，AI 能够深入分析学生的学习行为、兴趣偏好、能力水平等多维度信息，从而为学生量身定制学习方案。这些方案不仅涵盖适合学生的课程内容、学习路径和难度设置，还能根据学生的学习进度和反馈进行动态调整，确保每位学生都能获得最适合自己的学习资源。

AI 定制学习方案对学生的意义重大：首先，它能够帮助学生摆脱"一刀切"的教学模式，享受更加符合自己兴趣和能力的个性化学习体验；其次，通过精准的教学评估和反馈机制，学生能够及时了解自己的学习状况，发现薄弱环节并进行有针对性的改进；最后，个性化的学习体验，能够激发学生的学习动力和学习兴趣，使他们更加主动地参与学习过程，提升学习效果和成就感。

## 【案例 34】Knewton：AI 赋能教育，打造个性化学习新体验

Knewton 成立于 2008 年，总部位于美国纽约，是一家专注于提供个性化教育解决方案的初创公司。Knewton 已获得多轮总计超过 1 亿美元的融资，旨在通过技术创新为全球学生提供高质量的教育体验。

Knewton 的经营范围广泛，包括为发行商、学校及全球学生提供预测性分析及个性化推荐。Knewton 的合作伙伴包括 Pearson Education（培生教育集团）、Macmillan Education（麦克米伦教育出版集团）、Houghton Mifflin Harcourt（霍顿·米夫林出版公司）等十余家知名教育企业，它们致力于共同推动数字化教育服务的普及。

Knewton 通过收集和分析学生的学习数据，为学生提供个性化的学习路径和资源推荐。同时，Knewton 能够根据学生的学习情况和目标，动态调整教学内容和难度，帮助学生实现高效学习。图 4-13 所示为 Knewton 的学生分析功能示例。

Knewton 研发的牛顿平台是一款优秀的适应性学习产品，能够帮助学生实现个性化学习。牛顿平台通过数据收集、推断及建议"三部曲"为学生提供个性化的教学方案，具体如下。

❶ 数据收集：建立学习内容中不同概念的关联，集成类别、学习目标与学生互动数据，为后续阶段提供基础。

❷ 推断：通过心理测试引擎、策略引擎及反馈引擎对收集到的数据进行分析，以评估学生的能力、学习偏好等。

❸ 建议：基于分析结果，通过建议引擎、预测性分析引擎为教师与学生提供学习建议，并生成统一汇总的学习过程记录。

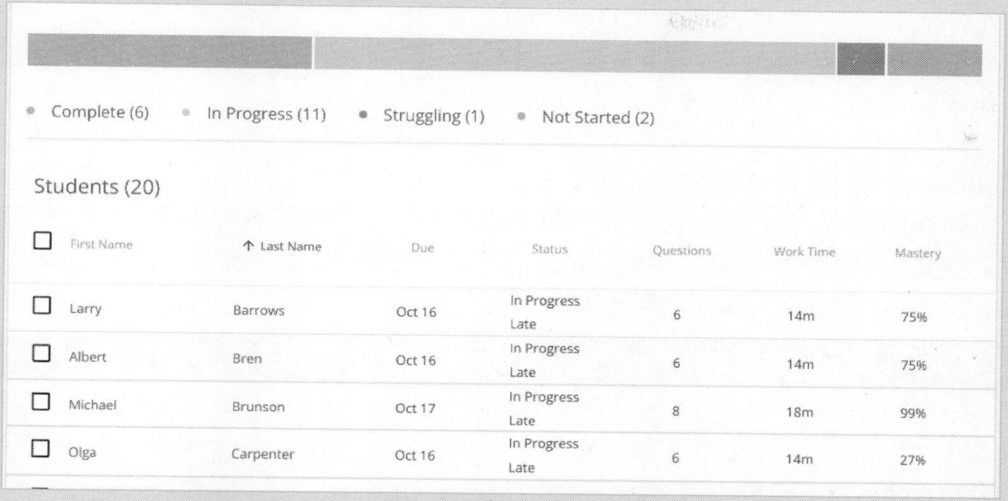

| | First Name | ↑ Last Name | Due | Status | Questions | Work Time | Mastery |
|---|---|---|---|---|---|---|---|
| ☐ | Larry | Barrows | Oct 16 | In Progress Late | 6 | 14m | 75% |
| ☐ | Albert | Bren | Oct 16 | In Progress Late | 6 | 14m | 75% |
| ☐ | Michael | Brunson | Oct 17 | In Progress Late | 8 | 18m | 99% |
| ☐ | Olga | Carpenter | Oct 16 | In Progress Late | 6 | 14m | 27% |

- Complete (6)  ● In Progress (11)  ● Struggling (1)  ● Not Started (2)

Students (20)

**图 4-13  Knewton 的学生分析功能示例**

Knewton 的个性化学习体验体现在多个方面，如根据学生的不同能力定制学习方案、即时调整内容供应等。这种适应性学习模式比传统教育更具有针对性，能够显著提升学习效果。

另外，Knewton 利用 AWS（Amazon Web Services，亚马逊网络服务）等云计算技术，构建了稳定且可扩展的基础设施平台。AWS 能够处理海量的学习数据，为个性化学习提供强大的技术支持。

Knewton 的个性化学习平台在全球范围内产生了积极的市场影响。通过为不同学生提供定制化的学习方案，Knewton 帮助学生提高了学习效率和学习效果，同时也为教育机构和出版商带来了更多的商业机会。

## 4.2.2  智能教学助手：AI 辅助教学的新模式

传统教育面临教学资源分配不均、教学质量参差不齐、学生参与度不高等问题，这不仅会限制教育效果的提升，也会影响学生的全面发展。

智能教学助手是利用人工智能技术，结合教育学、心理学等领域的知识，为教师和学生提供个性化教学支持和服务的一种新型教学工具。AI 智能教学助手能够根据学生的学习数据、行为模式和反馈信息，智能分析学生的学习状态和需求，为教师提供精准的教学建议，同时为学生提供个性化的学习资源和路径规划。

智能教学助手被视为教师的"分身"，能够提供 24 小时的个性化学习支持、智能评估和反馈，辅助学生进行深入思考和激发学习灵感。智能教学助手还可以生成写作评价标准，对学生的学习成果进行具体评价，提供详尽且持续的反馈，帮助学生提升写作水平。

智能教学助手背后通常有强大的 AI 技术支撑，如清华大学使用的千亿参数多模态大模型 GLM-4，这种技术可以大幅提升答题正确率并提供详细的答题解释。同时，智能教学助手能够作为一个全天候即时反馈的对话平台，帮助学生在探索陌生领域知识时提供基础知识等相关帮助。

智能教学助手的应用正在改变传统的教学模式，推动教育从"师生交互"向"教师、学生、机器深度交互"转变。随着技术的不断发展，智能教学助手将更加智能化、个性化，并在教育领域发挥更大的作用。

**【案例 35】Edmentum：智能教学助手重塑学生学习方式**

Edmentum 是一家在教育技术领域享有盛誉的公司，其智能教学助手平台通过融合人工智能、大数据分析等先进技术，为学生提供了个性化、高效的学习体验，深刻地影响了传统的学习方式。

例如，Edmentum 平台上的 Exact Path 教学工具，就是一个可以诊断学习路径的强大教学工具，可扩大 K-12 数学、阅读和语言艺术的教学干预，使教育工作者能够通过个性化教学惠及所有学生，如图 4-14 所示。

图 4-14 Exact Path 教学工具

面对众多需要个性化辅导的学生，课堂教师的时间和资源往往显得捉襟见肘。而 Exact Path 则为每一位 K-12 学生提供个性化学习方案，并为每位教育工作者提供数据驱动的教学工具，助力学校满足学生每个学习时刻的需求。

Exact Path 的标准化、自适应诊断工具可以精确定位学生的具体技能差距，并展示他们在数学、阅读和语言艺术方面的成长。同时，Exact Path 还会自动为每位 K-12 学生提供优化的个性化学习路径，这些路径会根据学生不断变化的需求进行自适应调整。Exact Path 确保每位学生都能获得量身定制的学习体验，助力他们实现学习目标。

Edmentum 的智能教学助手通过将个性化学习和数据分析相结合，正在重塑学生的学习方式，使他们能够在一个更加灵活和支持性的环境中成长与发展。

## 4.2.3　AI 移动教育平台：无处不在的学习空间

AI 移动教育平台是指利用人工智能技术，在移动设备上提供教育服务的平台。这些平台通过集成机器学习、自然语言处理、计算机视觉等先进技术，为学生提供个性化、智能化、高效化的学习体验。

AI 移动教育平台不仅可以提供丰富的学习资源，如视频课程、音频讲解、互动练习等，还能根据学习者的学习进度、兴趣和能力，智能推荐适合的学习内容和路径，从而实现更加精准和有效的教育服务。

AI 移动教育平台提供多种形式的学习资源，包括视频、音频、图片、文字以及互动式学习等。这些多样化的学习资源可以满足不同学生的学习需求，提高学习的趣味性和互动性。学生可以根据自己的喜好和学习习惯，选择适合自己的学习方式，从而提高学习积极性和学习效率。

AI 移动教育平台还可以提供智能化的辅助服务，如提醒学生完成某项任务、为学生提供即时答疑等。这些服务能够帮助学生更好地管理自己的学习时间和进度，及时解决学习中遇到的问题。

通过自然语言处理和计算机视觉技术，AI 移动教育平台能够自动批改作业、试卷和作文等，为学生提供及时的反馈和建议。这种智能评估方式不仅能减轻教师的批改负担，还能让学生更快地了解到自己的不足之处。

另外，AI 移动教育平台打破了传统教育的时空限制，学生可以随时随地在移动设备上学习。这种灵活便捷的学习方式，有助于学生更好地利用碎片时间进行学习，提高学习效率。

### 【案例 36】星火语伴：专为语言学习者打造的全方位 App

星火语伴是由科大讯飞推出的一款英语学习移动应用，它利用科大讯飞的星火大模型技术，提供了包括 AI 英语语伴、翻译、口语评测和语法检测等在内的多功能学习环境，旨在帮助用户轻松掌握英语，如图 4-15 所示。

**图 4-15　星火语伴的英语学习功能示例**

星火语伴的主要功能包括 AI 英语语伴、翻译功能、口语评测、语法检测、多语言学习、互动学习和个性化学习计划等。星火语伴不仅支持英语，还支持多语言互译，包括汉语、英语、法语、德语、日语等，使学生能够随时随地进行语言学习和翻译。

星火语伴的口语模考模块提供了同学、考官两种虚拟人形象，支持大学英语四六级、雅思、托福的口试环节模拟考试，并在模考结束后进行智能评价反馈，帮助考生解决口语没法练、练了没人评的问题。图 4-16 所示为星火语伴的口语模考功能。

**图 4-16　星火语伴的口语模考功能**

　　星火语伴的情景对话模块提供了 18 种可选情景作为基础练习，学生可以上传自己感兴趣的图片。星火语伴基于图片理解技术生成内容，并围绕该内容进行中英文对话，提升学生的口语水平。

　　星火语伴通过不断地升级和完善，正在为语言学习者提供更加便捷高效的学习体验，帮助他们提高英语听说读写各方面的能力，尤其适合希望提升英语口语和跨文化交流能力的学生。

# 第 5 章

## 家庭中的 AI 教育：
## 家长与社会的新角色

　　家庭作为孩子成长的第一个课堂，在 AI 教育中扮演着至关重要的角色。本章将视角扩展到家庭教育中，探讨 AI 在家庭教育中的应用，分析家长如何与社会资源相结合，为孩子提供一个全面、均衡的 AI 教育环境。

# 5.1 AI 教育下，家庭教育方式的转变

在 AI 教育的大背景下，家庭教育方式正在经历着深刻的变革。家长们逐渐意识到，传统的教育模式已无法满足孩子在 AI 时代的需求，因此开始探索新的教育方法和教育理念。本节主要介绍在 AI 教育下，家庭教育方式有哪些转变。

## 5.1.1 AI 时代的家庭教育规划

在 AI 时代，家庭教育规划需要适应新兴技术的发展，为孩子提供更加个性化、高效和富有创造力的学习体验。下面重点介绍 AI 时代的家庭教育规划策略。

### 1. 家庭教育的数字化转型

家庭教育的数字化转型是指家庭教育从传统的教学模式转向利用数字工具和在线资源进行教学。家长可以为孩子提供平板电脑、电脑等设备，如图 5-1 所示，并引导他们使用教育软件和在线课程。

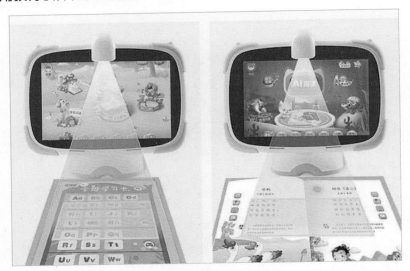

图 5-1 儿童平板电脑

### 2. 家庭教育内容的创新

家庭教育的内容创新不仅包括学术知识，还包括编程、人工智能、数据分析等新兴领域。家长可以引入机器人学习套件、编程语言学习工具（如 Scratch），鼓励孩子学习跨学科内容并参与创新项目。

## 【案例 37】Makeblock：帮助孩子学习机器人编程和物理原理

随着科技的飞速发展，STEAM 教育在全球范围内越来越受到重视。为了培养孩子们的创新思维和实践能力，深圳市创客工场科技有限公司旗下的 Makeblock 品牌应运而生，成为一个将机器人编程与物理原理学习巧妙结合的优秀平台，可以帮助孩子们在动手实践中学习机器人编程和物理原理。

Makeblock 以其丰富的产品线、创新的教育理念和全球化的市场布局，在 STEAM 教育领域中占据了重要地位。Makeblock 采用开源硬件和软件技术，支持用户自由地使用、修改和分享代码及文档。同时，Makeblock 支持多种传感器和外部硬件的扩展，以及第三方软件的集成，为用户提供了极高的灵活性。

Makeblock 支持多种编程语言和工具，如 Scratch、Python、Arduino 等，方便用户学习和实践编程技术。特别是其专为教学设计的 mBlock 软件，通过图形化和代码编程相结合的方式，降低了编程的门槛，使初学者也能轻松上手，如图 5-2 所示。

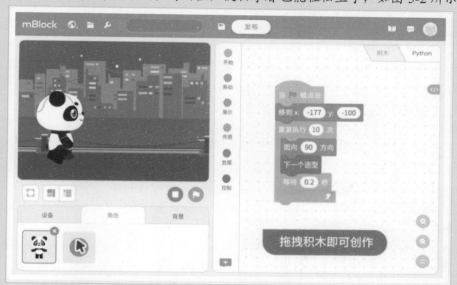

图 5-2　mBlock 软件的图形化编程功能

Makeblock 提供了包括智能车、步态机器人、无人机等多种类型的机器人套件，以及神经元探索者套件、激光宝盒、光环板等创新产品，满足了不同年龄段和兴趣爱好的用户的需求。

Makeblock 的主要产品服务如下。

❶ 硬件产品：Makeblock 提供了一系列高质量的机器人硬件产品，包括可编程的 DIY（Do It Yourself，自己动手制作）机器人套件、模块化可编程飞行器、智能激光切割机等。这些产品均采用了高品质的材料和工艺，确保了产品的耐用性和安全性。

图 5-3 所示为 Makeblock 推出的思维启蒙机器人产品"童小点",主要用于锻炼孩子的逻辑思维和解决问题的能力。

**图 5-3　思维启蒙机器人"童小点"**

❷ 编程软件:Makeblock 配套的 mBlock 编程软件是基于 Scratch 3.0 开发的图形化和代码编程平台,支持零编程基础的用户快速上手。同时,Makeblock 还提供了Makeblock App 等操控软件,方便用户通过手机等移动设备控制机器人。

❸ 教学内容:Makeblock 提供了丰富的教学内容,包括在线课程、教学视频、案例分享等,旨在帮助用户系统地学习机器人编程和物理原理等知识。此外,Makeblock 还定期举办各种比赛和活动,从而为用户提供展示和交流的平台。

通过 Makeblock 的学习和实践,儿童可以在动手搭建和编程机器人的过程中培养创新思维和实践能力。他们可以根据自己的兴趣和想象设计出独特的机器人作品,并通过编程实现机器人的各种功能。

Makeblock 平台涵盖了科学、技术、工程、艺术和数学等多个学科领域的知识,通过跨学科的学习模式,可以帮助儿童全面提高科技素养和综合素质。他们可以在学习过程中了解机器人的工作原理、编程技术、物理原理等知识,同时培养逻辑思维、动手创造和解决问题的能力。

另外,Makeblock 的学习内容富有趣味性和挑战性,可以激发儿童对科技领域的兴趣和好奇心。这种动手和创造的实践过程,可以让儿童获得成就感和自信心,从而更加积极地投入学习中。同时,这种积极的学习态度和动力,还将对他们未来的学习和生活产生正面影响。

### 3. 家庭教育资源的智能化管理

家庭教育资源的智能化管理,是指利用智能系统管理教育资源,包括学习进度跟踪、资源推荐和学习效果评估。通过智能设备和应用，家长可以更高效地安排和调整孩子的学习计划。

## 【案例 38】Google Classroom：作业分发、进度跟踪和即时反馈

　　Google Classroom（谷歌课堂）是一个创新的在线平台，专为教师和学生设计，以简化作业分发、进度跟踪和提供即时反馈的过程，如图 5-4 所示。Google Classroom 不仅能提高教师的教学效率，也能为家庭教育提供强大的支持，帮助家长和孩子更好地应对在线学习和家庭教育的挑战。

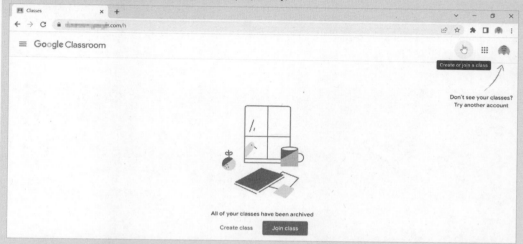

**图 5-4　Google Classroom 平台**

　　Google Classroom 使得家庭教育资源的智能化管理变得更加高效和便捷，主要功能如下。

　　❶ 作业分发与管理：教师可以通过 Google Classroom 快速创建和分发作业。Google Classroom 支持各种类型的作业，包括文字、图片、视频链接等。学生可以直接在线上提交作业，教师也能方便地在线批改并提供反馈。

　　❷ 进度跟踪：Google Classroom 提供了一个清晰的界面，让教师能够实时跟踪每个学生的作业提交情况和学习进度。教师可以一目了然地看到哪些学生已经提交作业、哪些学生还需要提醒。

　　❸ 即时反馈：利用 Google Classroom 的评论功能，教师可以为学生的家庭作业提供即时反馈。这种及时的沟通有助于学生快速了解自己的学习情况，并作出相应的改进。

　　❹ 资源共享：Google Classroom 允许教师和学生共享教育资源，如教学视频、阅读材料等，能够极大地丰富家庭教育的资源库，提高资源的利用效率。

　　❺ 家庭参与：Google Classroom 还提供了家庭参与的途径。家长可以收到关于孩

子作业和学校活动的通知，这有助于家长更好地了解孩子的学习情况，并在家庭教育中发挥积极作用。

### 4. 家庭教育方法的科技融合

家庭教育方法的科技融合，是指将科技工具融入教学方法，如使用教育软件、虚拟现实和增强现实技术进行沉浸式学习，让家长与孩子一起探索科技在教育中的应用，共同学习如何利用这些工具提高学习效率。

**【案例 39】Google Expeditions：为孩子提供沉浸式的学习体验**

Google Expeditions 是谷歌推出的一款教育应用程序，旨在通过虚拟现实技术，为孩子提供沉浸式的学习体验。家长可以使用 Google Expeditions 带领孩子进行虚拟现场考察，探索世界各地的自然奇观、历史遗迹和文化地标。相关示例如图 5-5 所示。

图 5-5　使用 Google Expeditions 进行虚拟现场考察的相关示例

Google Expeditions 提供了数百个虚拟现场考察点，包括博物馆、水下世界、太空等。孩子可以通过 VR 头盔，仿佛亲身站在大峡谷的边缘，或是在海底与鲸鲨一起游泳。同时，每个虚拟现场考察点都配有详细的解说和信息，家长可以根据教学计划选择合适的考察点，为孩子提供丰富的教学内容和背景知识。

Google Expeditions 支持孩子在虚拟环境中进行互动，如在虚拟博物馆中选择不同的展品进行查看，或在虚拟科学实验中操作实验设备，这种互动式学习能够提高孩子的参与度和兴趣。同时，通过虚拟现场考察，孩子可以观察细节、提出问题并进行讨论，这种探索式的学习方式有助于培养孩子的批判性思维能力。

Google Expeditions 不仅适用于地理和历史课的教学，还可用于生物、化学、艺术等其他学科的教学。例如，在生物课上，孩子可以进行虚拟的生态系统考察，观察不同生物的习性。

通过 Google Expeditions 的教学，孩子可以突破地理和空间的限制，进行丰富多彩的虚拟现场考察。这种创新的家庭教学方式，使得家长能够与孩子一起探索世界，为孩子提供独特的学习体验，同时增强家庭教育的质量和效果。

5. 家庭教育的个性化成长方案

家庭教育的个性化成长方案，是指家长可以根据孩子的个人兴趣、学习风格和能力水平制订教育计划。家长可以使用 AI 技术进行学习分析，确定孩子的强项和弱点，并为孩子提供定制化的学习资源和活动。例如，使用 Photomath 等智能辅导系统，可以帮助孩子获取个性化的数学问题解答和练习题目。相关示例如图 5-6 所示。

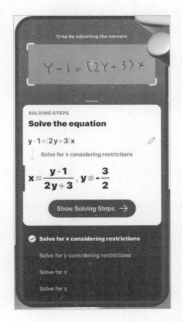

图 5-6　使用 Photomath 解决数学问题的相关示例

## 5.1.2　亲子关系的 AI 辅助

亲子关系是指父母与子女之间的情感联系，它是家庭关系中最基础和重要的部分。良好的亲子关系能够为孩子提供安全、温暖的成长环境，促进其身心健康发展，同时也是家庭教育成功的关键。

人工智能技术的发展，为亲子关系的培养和加强提供了新的途径。AI 可以通过情感分析、个性化推荐、时间管理等多种方式，帮助家长更好地理解孩子，提高亲子沟通的质量和效率，从而加深亲子之间的情感联系。

在家庭教育中，AI 不仅可以帮助家长科学育儿，还能够帮助家长根据孩子的个性和需求提供定制化的教育方案，使家庭教育更加高效和个性化。另外，AI 辅助还能够释放家长的时间和精力，让他们能够更好地享受与孩子相处的时光。

市场上有许多 AI 工具可以帮助促进亲子关系，相关类型如下。

❶ 情感分析工具：帮助家长理解孩子的情绪变化。

❷ 个性化教育推荐系统：根据孩子的学习情况提供定制化的教育内容。

❸ 时间管理应用：帮助家庭成员协调日程，保证亲子时间。

❹ 语言交流助手：帮助家庭成员克服语言障碍，提高沟通效率。

❺ 心理健康监测系统：监测家庭成员的心理状态，及时提供支持。

## 【案例 40】学而思学习机：让陪伴与学习同行

在快节奏的现代生活中，如何平衡工作与家庭，尤其是如何在繁忙之余高效地陪伴孩子学习，成为众多家长面临的难题。作业辅导、学习规划、兴趣培养……每一项都考验着家长的耐心与智慧。学而思学习机以其独特的 AI 技术与丰富的教育资源，巧妙地解决了这些难题，让"搞学习"与"陪孩子"不再矛盾，成为家庭教育的得力助手。

曾经，夜晚的灯光下，家长与孩子因作业问题而起的争执屡见不鲜。如今，学而思学习机以其精准的学习诊断功能，为每个孩子量身定制学习路径。孩子独立解题时，学习机即时反馈，错题解析详尽，避免了家长因知识遗忘或理解偏差而带来的辅导困扰（相关场景示例如图 5-7 所示）。家长只需在一旁温柔鼓励，见证孩子的成长与进步，亲子关系会更加和谐。

图 5-7　使用学而思学习机辅导孩子学习的相关场景示例

家长在选择学习机时，最看重的往往是内容的权威性与 AI 技术的先进性。学而思学习机深谙此道，汇聚了学而思多年沉淀的优质教育资源，内容覆盖小学至高中全学科，紧贴教学大纲，同时融入趣味化、互动化的学习方式，旨在激发孩子的学习兴趣。在 AI 能力上，学而思不断精进，确保学习机能够智能识别孩子的学习状态，提供个性化学习建议，真正做到因材施教。

教育是一个动态发展的过程，学而思学习机深刻理解这一点，坚持"常更"理念。定期更新教育内容，优化 AI 算法，确保了学习机始终走在教育科技的前沿。这种持续的迭代升级，不仅能够让孩子接触到最新的学习资料和解题方法，也能让家长感受到科技赋能教育的无限可能。

为进一步提升用户体验，学而思升级了学习机上的 AI 聚合工具"小思伴学"，相关场景示例如图 5-8 所示。新版"小思伴学"不仅强化了智能问答、作业批改等基础功能，还新增了学习计划定制、情绪识别与情绪安抚等人性化服务。"小思伴学"像一位贴心的家庭教师，不仅关注孩子的学习成效，更关心孩子的心理健康，全方位助力孩子健康成长。

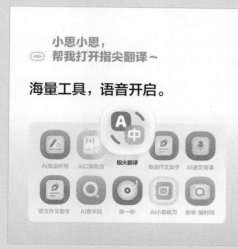

**图 5-8　"小思伴学"的相关场景示例**

学而思学习机的 AI 功能，全部基于学而思自研的 MathGPT（九章大模型）构建。MathGPT 融合了深度学习与自然语言处理技术，能够深度理解孩子的学习需求，提供更加精准、高效的学习支持。在数学、英语等核心科目上，MathGPT 展现出强大的解题能力和语言理解能力，有助于孩子攻克学习难关，享受学习带来的乐趣。

学而思学习机以其卓越的内容质量、先进的 AI 技术、持续的创新精神，成为孩子学习路上的全能助手，同时也是家长解放"带娃"压力的神器。它让"搞学习"与"陪孩子"不再是两难的选择，而是呈现了一幅和谐共生的美好画面。

## 5.1.3  家庭教育环境的智能化

随着科技的飞速发展，AI 不再仅仅是科幻电影中的场景，它已悄然渗透到我们生活的每一个角落，深刻地改变着我们的生活方式。其中，家庭教育这一关乎孩子成长的重要领域更是受益匪浅。在这个信息化、智能化的时代，家庭教育环境的智能化转型，正引领着教育模式的深刻变革。相关分析如下。

### 1. 人工智能：家庭教育的新引擎

在传统的家庭教育模式中，家长往往面临时间和资源的双重限制。工作繁忙、精力有限，加之教育资源的分布不均，使得家长难以做到对孩子教育的全面覆盖和个性化指导。而人工智能技术的出现，如同一股清新的风，为家庭教育带来了前所未有的机遇。通过 AI 赋能，家庭教育得以突破时空限制，实现更加精准、高效的教学与辅导。

在家庭教育场景下，家长的期望是简单而纯粹的——希望借助科技的力量，提高教育的质量和效率。他们渴望找到一种方式，既能够减轻自身负担，又能够确保孩子得到优质的、个性化的教育资源。人工智能正是实现这一目标的强大工具，它能够根据孩子的兴趣、能力和学习进度，智能推荐适配的学习内容和练习题目，让学习变得更加高效和有趣。

人工智能技术在家庭教育中的应用，正推动着家庭学习环境向"智慧"新形态迈进。智慧家庭学习环境不仅是一个物理空间概念，更是一种集成了先进科技、教育理念与人文关怀的综合性学习环境。在这种环境中，智能设备、教育软件、网络资源等相互融合，为孩子提供了一个全天候、全方位的学习支持体系。

### 2. 规划与设计：构建智慧家庭学习环境

要想构建智慧家庭学习环境，首先需要进行科学合理的规划与设计，这包括以下几个方面。

❶ 智能设备选型：选择适合家庭使用的学习平板、智能音箱、在线教育平台等硬件设备，确保设备能够满足孩子的学习需求，并与家庭网络环境兼容。

❷ 学习资源整合：利用 AI 技术整合线上线下优质教育资源，形成个性化的学习资源库，为孩子提供丰富多样的学习材料。

❸ 学习路径规划：基于孩子的学习数据和兴趣偏好，利用 AI 算法为其定制个性化的学习路径，确保学习内容的针对性和有效性。

❹ 互动与反馈机制：建立家长与孩子、孩子与教师之间的即时互动与反馈机制，通过智能设备收集学习数据，为家长提供科学的教育建议，同时鼓励孩子积极参与学习过程。

在家庭教育环境的智能化转型中，智能设备的选型是至关重要的一环。这些设备不仅能为孩子提供丰富的学习资源和工具，还能极大地促进家庭成员之间的互动与协作，共同营造更加便捷、高效且充满乐趣的学习环境。以下是一些关键智能设备及其在家庭教育中的应用方式，以及家长如何利用它们来激发孩子的学习兴趣。

❶ 智能学习平板。智能学习平板集成了高性能处理器、大容量存储、高清显示屏以及丰富的教育应用，是家庭教育的得力助手。智能学习平板通常预装了学习软件、电子书籍、在线课程等资源，支持手写输入、语音交互等多种操作方式。

家长可以为孩子下载适合其年龄和兴趣的学习应用，如数学游戏、语言学习软件、科学实验模拟等。在智能学习平板中设定使用时间、学习目标和内容过滤，能够确保孩子安全、有效地利用平板进行学习。另外，家长还可以利用平板的远程监控功能，了解孩子的学习进度和学习习惯，从而及时给予指导和鼓励。

家长可以选择色彩鲜艳、界面友好、互动性强的学习应用，结合动画、游戏等元素，使学习过程更加生动有趣（相关示例如图 5-9 所示）。同时，家长还可以鼓励孩子探索平板上的新功能和新应用，培养他们的自主学习能力和探索精神。

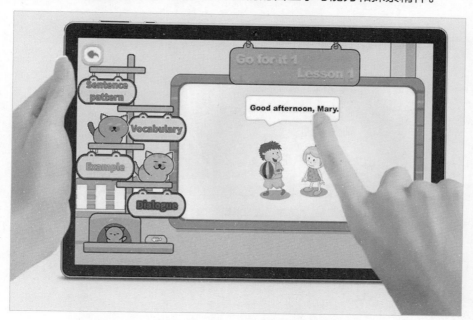

**图 5-9　结合动画、游戏等元素的学习应用示例**

❷ 智能音箱与语音助手。智能音箱与语音助手搭载了先进的语音识别和交互技术，能够响应用户的语音指令，提供音乐播放、故事讲述、知识问答等多种服务。

家长可以通过智能音箱与语音助手，为孩子播放儿歌、童话故事、科普知识等内容，丰富孩子的课外生活。同时，孩子也可以通过语音与设备互动，提出问题、查询信息，培养语言表达能力和思维逻辑能力。另外，智能音箱与语音助手还可以作为家庭日程管理的工具，提醒孩子完成作业、准备活动等日常事务。

家长可以利用智能音箱与语音助手的语音交互功能，与孩子进行有趣的对话和问答游戏，激发他们的好奇心和求知欲。同时，家长还可以选择与孩子兴趣相关的音频内容，如他们喜爱的动画主题曲、科普节目等，增加学习的趣味性和吸引力。

## 【案例41】 小爱触屏音箱：儿童启蒙教育的好帮手

在智能家居日益普及的今天，小米公司推出的小爱触屏音箱凭借其强大的功能和丰富的内容资源，迅速成为众多家庭的新宠，如图 5-10 所示。特别是在儿童教育娱乐领域，小爱触屏音箱凭借其海量深度合作的儿童内容，为孩子们提供了一个寓教于乐的成长平台。

图 5-10　小爱触屏音箱

小爱触屏音箱内置了丰富的儿童教育资源，包括超过 3 万个视频百科、1400 万张图片百科，以及大量动画片和绘本。这些资源覆盖了从幼儿启蒙到学龄前教育的各个阶段，满足不同年龄段孩子的需求。同时，小爱触屏音箱还集成了贝乐虎、宝宝巴士等知名教育 App，提供多样化的学习路径，让孩子们在听故事、看动画的过程中轻松学习。

小米与多家知名教育机构和内容提供商建立了深度合作，确保小爱触屏音箱中的儿童内容既专业又有趣。这些合作内容不仅涵盖了基础的学科知识，如英语、数学、科学等，还注重培养孩子的综合素质，如创造力、想象力和社交能力。通过专业的课程设计和趣味的互动方式，小爱触屏音箱让孩子们在轻松愉快的氛围中快乐成长。

为了让孩子更安全、更健康地使用小爱触屏音箱，小米特别推出了定制的儿童模式。在这个模式下，小爱触屏音箱会呈现定制的儿童桌面，只展示适合儿童观看的内容。家长可以通过手机 App 设置儿童模式，并根据孩子的年龄和兴趣进行个性化调整。另外，儿童模式还配备了防沉迷系统和距离提醒功能，确保孩子在观看时保持适当的距离和时间，保护视力。

小爱触屏音箱不仅是一个播放设备，更是一个互动学习的伙伴。孩子们可以通过语音指令与音箱进行互动，如"小爱同学，我要听英语故事""小爱同学，我要看动画片"。

小爱触屏音箱会根据孩子的需求播放相应的内容，并通过语音和画面与孩子进行互动，提高学习兴趣和效果。这种寓教于乐的互动方式，让孩子们在玩乐中不知不觉地学到新知识。

小爱触屏音箱通过海量深度合作的儿童内容和专业的教育功能，不仅满足了孩子们在娱乐方面的需求，还促进了孩子们在知识、能力和素质方面的全面发展。

❸ 智能互动白板。智能互动白板结合了传统黑板与电子屏幕的功能，支持手写、触摸、投影等多种操作方式，是家庭教育的多功能教学工具，如图 5-11 所示。家长可以在白板上演示解题过程、绘制图形、展示 PPT 等教学内容，与孩子进行实时互动和讨论。孩子也可以在白板上自由涂鸦、做笔记、解答问题，培养动手能力和创新思维。此外，智能互动白板还可以连接互联网资源，实现远程教学和在线协作。

图 5-11　智能互动白板

另外，家长可以利用智能互动白板的互动性和直观性，设计有趣的教学活动和游戏，如数学拼图、单词接龙等，可以让孩子在玩乐中学习新知识。

❹ 可穿戴学习设备。可穿戴学习设备如智能手表、智能手环等，除了基本的健

康监测功能外，还可以与手机或平板电脑等设备连接，提供学习提醒、进度跟踪等服务。

家长可以通过可穿戴设备为孩子设置学习提醒和任务计划，确保他们按时完成学习任务。同时，可穿戴学习设备还可以记录孩子的学习时间和效率数据，为家长提供科学的教育建议。另外，一些可穿戴学习设备还支持语言学习和听力训练功能，能够帮助孩子提高语言能力。

**【案例42】超记牛穿戴：科技赋能，全方位守护孩子成长**

随着科技的进步，越来越多的智能产品涌入市场，为孩子们的学习生活带来了前所未有的便捷。其中，超记牛穿戴是一款集通信、安全、学习、休息于一体的智能设备（见图 5-12），不仅满足了孩子在日常生活和学习中的多元化需求，更以科技的力量为孩子的健康成长保驾护航。

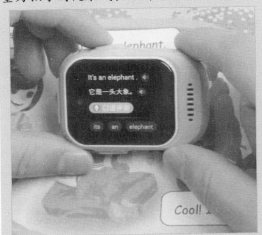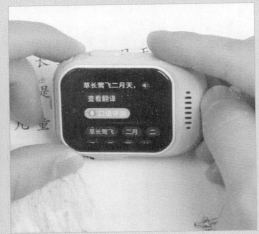

**图 5-12　超记牛穿戴产品**

超记牛穿戴的主要功能特点如下。

❶ 灵活多变的穿戴形态，满足多样化需求：超记牛穿戴以其独特的设计理念，轻松切换多种形态。戴上表链，超记牛穿戴即刻化身为电话手表，无缝连接家长与孩子，让沟通无界限；卸下表链，搭配挂链，超记牛穿戴又能成为随身听，声音洪亮，让孩子在闲暇之余也能沉浸在知识的海洋中。

❷ 智能学习工具，激发学习兴趣：作为双语学习机，超记牛穿戴不仅精通英汉互译，还能轻松应对汉语中的文言文、古诗等复杂内容。在单个表盘模式下，超记牛穿戴秒变词典笔，只需拍一拍，单词、句子乃至段落即刻呈现，其高效与便捷远超传统的词典笔。

❸ 专注学习助手，规划时间好帮手：通过巧妙的设计，超记牛穿戴能够变身为

学习辅助神器，帮助孩子集中注意力，合理规划学习时间。睡前，超记牛穿戴又能化身为哄睡音箱，让孩子在温馨的氛围中安然入睡。

❹ 智能记忆系统，巩固学习成果：超记牛穿戴内置超级记忆功能，自动记录并推送查过的知识点，确保知识点深入人心。家长还能设定学习日程，定时提醒，让复习与预习成为日常习惯。

❺ 绘本识别与互动学习，寓教于乐：开启摄像头拍摄模式，超记牛穿戴能迅速识别绘本封面，提供音频播放、倍速调节、复读跟读及口语评测等功能，为孩子的分级阅读提供强大支持。同时，超记牛穿戴还能识别动植物等自然元素，满足孩子的好奇心，让学习更加生动有趣。

❻ 海量学习资源，免费畅享：超记牛穿戴汇聚了丰富的学习资源，涵盖教材、英语、儿歌、人文历史、绘本、科普等多个领域，满足 0 ~ 12 岁孩子的全方位学习需求。另外，超记牛穿戴还支持第三方 App，可以扩大学习边界，让家长更加省心。

❼ 家长管控功能，守护孩子成长：通过牛听听 App，超记牛穿戴实现了家长对孩子学习机使用的全面控制。无论是学习内容、应用使用还是时间管理，家长都能远程操控，确保孩子合理地利用学习工具，避免沉迷。

❽ 全方位守护，通信安全两不误：除了强大的学习功能外，超记牛穿戴还保留了儿童手表的通信、视频、定位等基本功能。家长可随时与孩子保持联系，并通过 7 天定位轨迹了解孩子的行踪，给予孩子全方位的安全守护。

超记牛穿戴以其多样化的穿戴形态、智能的学习辅助、丰富的资源储备以及贴心的家长管控功能，成为孩子们学习生活中的得力助手，为孩子们打造了一个全方位的智能成长空间。

总之，家庭教育环境的智能化，不仅是技术进步的体现，更是教育理念和教育模式的深刻变革，它让教育更加贴近孩子的实际需求，让学习变得更加高效和有趣。未来，随着人工智能技术的不断发展和普及，智慧家庭学习环境将成为更多家庭的选择，为孩子的成长之路铺设坚实的基石。

# 5.2　AI 教育下，家长角色的转变

在教育环境、教育模式深度转型的背景下，家庭教育正在逐步适应 AI 时代的需求，为孩子提供更加全面、灵活和个性化的学习环境。与此同时，家长的角色也变得更加多元化和丰富，他们需要成为智能化学习资源的筛选者，确保孩子接触到高质量的学习内容；成为学习进度的实时跟踪者，及时了解和引导孩子的学习状态；成为孩子的学习伙伴与情感支持的提供者，与孩子一同面对学习中的挑战和困难。

## 5.2.1 智能化学习资源的筛选者

AI 的无所不能，不仅体现在其强大的数据处理和学习能力上，更在于它能够根据每个学生的个性化需求提供定制化的学习资源和路径。对于孩子而言，AI 教育意味着更加高效、有趣且个性化的学习体验。在 AI 技术的加持下，孩子可以接触到更广泛的知识领域，获得更精准的学习反馈，从而在短时间内取得更大的进步。

面对 AI 时代的不确定性，如技术更新换代迅速、信息爆炸等，破解的办法在于培养孩子具备适应未来社会的能力，包括但不限于批判性思维能力、创新能力、自主学习能力以及跨学科的综合应用能力。AI 虽然强大，但它无法替代人类的创造力、想象力和情感交流。因此，教育应当注重培养孩子的这些"软技能"，使他们能够在快速变化的世界中保持竞争力。

当然，在 AI 教育时代，家长的角色越来越重要，他们不仅需要关注孩子的学习成绩，更需要引导孩子培养上述关键能力，具体方法如下。

❶ 鼓励自主学习：让孩子学会独立思考和解决问题，而不是仅仅依赖教师和家长的指导。

❷ 培养创新思维：鼓励孩子尝试新事物，勇于提出自己的想法和见解。

### 【案例43】明智家长：AI 助力家庭教育的创新实践

明智家长是一个以生成式人工智能技术为支持的家庭教育产品，为无数家庭提供了个性化的解决方案，帮助家长更好地理解孩子，优化亲子关系，并为孩子的全面发展提供科学规划。

家庭教育对孩子成长的重要性不言而喻，但现代家长在育儿过程中面临诸多挑战，如工作与家庭的平衡、教育方法的选择等。明智家长正是在这样的背景下应运而生，致力于为家庭教育提供科学指导、有效工具和充足资源。

明智家长利用垂直大模型和多模态交互技术，通过深度学习大量家庭教育数据，实现对家庭教育场景的精准理解和响应。明智家长不仅提供个性化的教育规划和成长方案，还设计了多种家庭情景模拟，旨在帮助家长和孩子在模拟环境中学习、实践正确的教育和沟通方式。

明智家长的主要功能特点如下。

❶ 个性化服务：通过 AI 技术，为家庭教育提供定制化的解决方案。

❷ 情景模拟：设计多种家庭情景，通过情景化的学习和训练，提升家长的教育能力。这种沉浸式体验不仅能提升家长的教育能力，还能增强家庭成员间的沟通和理解。例如，预设的家庭常见场景，如孩子不愿意学习、情绪管理等，家长可以在模拟环境中进行练习，提升应对能力。

❸ AI 对话系统：为家长提供即时的问题解决方案，解决日常教育中的具体问

题。家长可以通过 AI 对话系统，获取育儿知识、心理咨询、学业规划等多方面的专业建议。

❹ 动态调整与实时反馈：能够实时跟踪孩子的学习进度和成长情况，根据数据动态地调整教育计划。家长可以通过平台了解孩子的学习状态，及时调整教育策略，确保孩子的学习效果。

明智家长的实践证明，AI 技术在家庭教育领域的应用前景广阔，它不仅能够提升家庭教育的质量和效率，还能够促进家庭系统的和谐发展，为家长和孩子创造更加美好的成长环境。

❸ 重视情感与心理发展：关注孩子的情感需求，提供必要的心理支持，帮助他们建立健康的心理状态。

❹ 引导跨学科学习：鼓励孩子涉猎多个学科领域，培养其综合应用能力。

❺ 合理利用 AI 工具：引导孩子正确使用 AI 工具，提高学习的效率和质量。

在 AI 教育时代，家长们的角色扩展为智能化学习资源的筛选者，他们负责从海量的在线教育资源中挑选出适合自己孩子需求和兴趣的学习材料。在筛选家庭教育的智能化资源时，家长应遵循以下标准。

❶ 个性化匹配：资源应能精准匹配孩子的兴趣、能力和学习风格，满足其个性化需求。

❷ 科学性与权威性：资源内容应科学准确，来源权威可靠，避免误导孩子。

❸ 互动性与趣味性：资源应具有良好的互动性与趣味性，能够激发孩子的学习兴趣。

❹ 实用性与应用性：资源应具有一定的实用性与应用性，能够帮助孩子将所学知识应用到实际生活中。

❺ 安全性与隐私保护：确保资源平台的安全性，保护孩子的个人信息和隐私。

总之，在 AI 教育时代，家长作为孩子智能化学习资源的筛选者，需要具备敏锐的洞察力和判断力，为孩子选择最适合的学习资源，助力他们健康成长，迎接未来的挑战。

## 5.2.2 学习进度的实时跟踪者

AI 技术的融入，不仅为孩子提供了更加丰富、个性化的学习资源，也让家长有机会成为孩子学习进度的实时跟踪者与智慧引导者。下面将重点探讨 AI 如何助力孩子高效学习，以及家长如何在这一时代背景下成为智慧家长。

1. AI 赋能高效学习：让梦想照进现实

通过 AI 让孩子高效学习，现实吗？答案是肯定的。AI 教育以其强大的数据处理能力和智能分析技术，能够根据每个孩子的兴趣、能力、学习习惯等个性化特征，量身定制学习内容并实时跟踪学习进度。

利用 AI 技术实时跟踪孩子的学习进度，家长可以更加准确地了解孩子的学习需求和困难所在。家长可以看到哪些知识点是孩子已经掌握的，哪些是需要加强的；哪些课程是孩子感兴趣的，哪些则可能让他们感到枯燥乏味。基于这些信息，家长可以更有针对性地与孩子进行沟通，为他们提供必要的支持和帮助。

2. 智慧家长之道：引领孩子学习的艺术

在 AI 教育时代，智慧家长不仅要关注孩子的学习成绩，更要注重培养他们的自主学习能力、创新思维能力和解决问题的能力，具体方法如下。

❶ 引导而非强制：鼓励孩子根据自己的兴趣和目标进行探索，而不是强加给他们既定的学习计划。

❷ 共同参与：与孩子一起参与学习活动，了解他们的学习进度和困难，给予及时的鼓励和支持。

❸ 培养习惯：帮助孩子建立良好的学习习惯，如定时复习、合理规划时间等。

❹ 利用 AI 工具：积极学习和使用教育类的 AI 工具，如智能学习平台、在线辅导等，为孩子提供个性化学习支持。

3. AI 为伴，学习效率跃升新台阶

AI 工具已经成为现代家庭教育中不可或缺的一部分，它不仅能够提供丰富的学习资源，还能根据孩子的学习数据智能地调整教学策略，确保每个孩子都能得到最适合自己的教育。

家长可以充分利用这些教育类的 AI 工具，如设置学习提醒、查看学习报告、参与在线讨论等，与孩子一起制订学习计划，监督学习进度，共同提升学习效率。

4. AI 时代家长必修课：智慧育儿新技能

要想成为 AI 时代的智慧家长，家长需要不断地学习和更新自己的教育理念和方法。以下是一些相关建议。

❶ 了解 AI 技术：掌握 AI 教育的基本原理和应用场景，了解不同教育类 AI 工具的特点和优势。

❷ 提升信息素养：培养自己的信息筛选和判断能力，选择适合孩子的教育资源和工具。

❸ 加强沟通：与孩子保持良好的沟通，了解他们的学习需求和感受，及时调整教育策略。

❹ 持续学习：关注教育领域的最新动态和研究成果，不断地提升自己的育儿技能和知识水平。

5. 定制未来：用 AI 打造专属学习之旅

前文多次提到，AI 教育的最大优势在于其能够根据孩子的个性化特征，智能地推荐专属的学习路径。这一路径不仅考虑了孩子的现有知识水平和能力，还融入了他们的兴趣、学习风格等多方面因素。

通过这一路径，孩子可以在最适合自己的节奏下进行学习，充分发挥潜力，实现全面发展。同时，家长也可以通过 AI 系统实时了解孩子的学习进展和成效，及时调整教育策略，为孩子的成长保驾护航。

总之，AI 教育时代为家长提供了前所未有的机遇和挑战。作为孩子学习进度的实时跟踪者，家长需要积极拥抱 AI 技术，成为智慧家长，与孩子一起探索未知、共同成长。

## 5.2.3 学习伙伴与情感支持的提供者

在 AI 技术日益渗透到教育领域的今天，家庭教育的角色与定位也在悄然发生变化。家长不再仅仅是传统意义上的监督者和指导者，而是逐渐转变为孩子的学习伙伴与情感支持的提供者。

家长可以与孩子共同讨论并确定合适的学习目标，帮助他们制订可行的学习计划，并监督和指导他们的学习进展。在这个过程中，家长可以鼓励孩子发挥想象力和创造力，培养他们自主学习的能力。

同时，家长还应鼓励孩子参与 AI 相关的项目和活动，让孩子在实践中锻炼能力、积累经验。家长应与孩子一起参与学习活动，为孩子提供必要的鼓励和支持，帮助他们建立自信和学习动力。

随着 AI 技术的快速发展，智能学伴已经成为校园中的一道亮丽的风景线。这些智能学伴不仅能够根据孩子的学习进度及兴趣提供个性化的学习资源和辅导，还能通过智能分析技术，精准识别孩子的学习难点，给予及时的帮助和反馈。

然而，这并不意味着家长可以完全放手，相反，家长应成为孩子与 AI 学伴之间的桥梁，引导孩子合理利用 AI 资源，培养自主学习能力。

**【案例 44】 "聪聪" AI 陪伴教育机器人：让孩子的成长更精彩、快乐**

由云知声推出的"聪聪" AI 陪伴教育机器人，是一款集成了先进人工智能技术的产品，旨在通过 AI 赋能教育，使孩子的成长过程更加精彩和快乐。"聪聪"不仅具备丰富的学习资源和智能辅导功能，还能与孩子进行情感交流，陪伴孩子成长。

"聪聪"的一大亮点在于其绘本伴读功能——只需将绘本放置在特定区域，机器人便能自动识别并朗读，甚至支持指读互动，让故事更加生动有趣，如图 5-13 所示。

另外，"聪聪"拥有非常丰富的绘本库资源，确保孩子能够接触到多样化的学习内容。除了自带的绘本外，"聪聪"还能识别家中其他儿童书籍，展现了其强大的识别能力。通过专业录音师的配音，"聪聪"让每一个故事都充满了情感色彩，有效地避免了机器人阅读时的机械感。

图 5-13 "聪聪" AI 陪伴教育机器人的绘本伴读功能

除了绘本伴读功能外，"聪聪"还集成了英语口语学习、声律启蒙、同步课堂等多种学习功能，如图 5-14 所示。孩子在家就能享受到名师的在线指导，同时复习课本内容也变得轻松愉快。特别是英语口语学习功能，"聪聪"能够实时评测孩子的发音情况，并根据遗忘曲线进行智能复习提醒，助力孩子提升语言能力。

图 5-14 "聪聪" AI 陪伴教育机器人的英语口语学习功能

"聪聪"AI陪伴教育机器人不仅是一台学习工具，更是一个充满情感的互动伙伴。通过声源定位和人脸跟随技术，"聪聪"能够准确地捕捉孩子的声音和表情变化，实现面对面的交流体验。另外，"聪聪"还拥有丰富的情感化表情设计，让每一次交流都充满温情和乐趣。

"聪聪"AI陪伴教育机器人凭借其强大的AI技术、丰富的教育资源以及贴心的互动设计，成为孩子们学习和生活中的得力助手。"聪聪"不仅能够满足孩子们对知识的渴望，更能在情感上给予他们温暖的陪伴和支持。

除了学习上的支持外，家长还应关注孩子的心理健康。AI心理陪伴数字人的出现，为家长提供了一种新的解决方案。图5-15所示为好心情推出的AI心理陪伴数字人"心心"与"晴朗"，旨在成为每一位青少年心灵成长的坚实后盾。

**图5-15　AI心理陪伴数字人**

AI心理陪伴数字人通过先进的情感计算技术和心理学原理，能够与孩子进行情感交流，提供心理疏导和支持。家长可以使用AI心理陪伴，帮助孩子缓解压力、调节情绪，促进其心理健康成长。同时，家长也应关注孩子的情绪变化，及时给予关爱和支持。

另外，AI技术在处理人类情感方面也展现出了巨大的潜力。家长可以利用AI技术来辅助哄娃、安抚情绪等。例如，一些智能玩具和机器人能够识别孩子的情绪变化，并做出相应的反应和互动，从而有效缓解孩子的焦虑和不安。

当然，这并不意味着AI可以完全取代家长的陪伴和关爱。家长应始终保持与孩子的亲密联系，用温暖的话语和拥抱给予孩子最真挚的情感支持。

总之，家长应积极适应 AI 教育时代的变化，成为孩子的学习伙伴与情感支持的提供者。通过合理利用 AI 资源、关注孩子的心理健康、参与亲子互动等方式，家长可以与孩子共同成长、共同进步。

# 5.3　AI 教育下，社会角色的新要求

AI 不仅重塑了传统的家庭教育方式和内容，还对社会各个层面提出了新的要求和挑战。在这一背景下，社会角色需要重新定位与调整，以适应 AI 对家庭教育带来的新生态。家庭作为教育的第一课堂，其角色尤为重要；同时，社会资源的有效整合与利用也是推动 AI 教育普及与深化的关键。

## 5.3.1　社会对家庭 AI 教育的支持

在 AI 教育时代，家庭不再仅仅是孩子生活的港湾，更是他们接触和学习新技术的前沿阵地。家庭环境的支持与引导，对孩子适应并有效利用 AI 教育资源至关重要。因此，社会各界应加强对家庭 AI 教育的关注和支持，共同构建良好的学习生态。相关分析如下。

1. 政策引导与激励：为家庭 AI 教育铺路架桥

政府作为推动社会进步的重要力量，在 AI 教育时代发挥着关键作用。为了鼓励家庭积极参与 AI 教育，政府可以出台一系列引导和激励政策，如设立教育补贴、减免相关费用、设立示范项目、表彰先进家庭等。这些政策不仅能够为家庭提供经济上的支持，还可以激发家庭参与 AI 教育的热情和动力。

另外，政府还应加强对 AI 教育市场的监管，确保教育资源的质量和安全，为家庭选择优质 AI 教育资源提供有力保障。

2. 公众意识提升：让 AI 教育深入人心

公众意识的提升是推广家庭 AI 教育的重要前提。为了让更多人了解并接受 AI 教育，社会各界通过多种渠道和方式进行了广泛宣传。

媒体利用自身的传播优势，通过新闻报道、专题访谈等形式，向公众普及 AI 教育的相关知识和重要性；社区则通过举办讲座、展览等活动，让居民亲身体验 AI 教育的魅力；同时，学校也发挥着重要作用，通过家长会、家校合作等方式，向家长传递 AI 教育的理念和方法。这些努力共同促进了公众对 AI 教育的认识和接受程度，为家庭 AI 教育的普及奠定了坚实基础。

3. 专业培训与支持: 助力家长成为 AI 教育导师

在 AI 教育时代, 家长的角色不再仅仅是孩子的监护者, 更是他们学习 AI 知识的引导者和伙伴。然而, 部分家长对 AI 技术并不熟悉, 甚至存在畏惧心理。为了解决这个问题, 社会各界为家长提供了专业的培训和支持。

一方面, 通过开设 AI 教育课程、工作坊等形式, 为家长提供系统的学习机会; 另一方面, 利用在线平台、社区论坛等资源, 为家长提供实时的咨询和帮助。这些培训和支持不仅有助于家长掌握 AI 技术的基本知识和应用方法, 还能增强他们引导孩子学习 AI 知识的信心和能力。

**【案例 45】国家智慧教育公共服务平台: 上线 "AI 学习" 专栏**

国家智慧教育公共服务平台是一个集成了多种教育资源和工具的国家级平台, 旨在促进教育公平、提高教育质量, 并推动教育现代化。近期, 该平台推出了一个创新的 "AI 学习" 专栏, 致力于普及人工智能知识, 培养学生的创新能力和科学素养。

"AI 学习" 专栏涵盖了人工智能的基础知识、发展历程、应用案例和未来趋势等, 适合不同年龄段和不同学习需求的学生。图 5-16 所示为国家智慧教育公共服务平台 "AI 学习" 专栏中的相关课程。同时, "AI 学习" 专栏还邀请了国内外知名的人工智能专家和学者, 为学生提供深入浅出的专题讲座和互动问答。

**图 5-16 国家智慧教育公共服务平台 "AI 学习" 专栏中的相关课程**

**4. 家校合作：共筑 AI 教育美好未来**

家校合作是推动家庭 AI 教育深入发展的关键环节。在 AI 教育时代，学校与家庭之间的合作更加紧密和深入。

学校可以通过定期举办家长会、开放日等活动，与家长分享 AI 教育的最新动态和成果；同时，积极听取家长的意见和建议，不断改进与完善教学内容和方法。而家长则可以通过参与学校的各项活动、关注孩子的学习情况等方式，与学校保持密切的联系和顺畅的沟通。

这种紧密的家校合作方式不仅能够促进信息的共享和交流，还可以增强双方之间的信任和理解。在双方的共同努力下，孩子们能够在更加和谐、开放的环境中学习 AI 知识，为他们的未来发展奠定坚实基础。

## 5.3.2 社会资源的整合与利用

为了让孩子更好地适应未来社会，AI 家庭教育已成为众多家庭关注的焦点。如何整合与利用社会资源，以提升 AI 家庭教育的质量和效果，成为家长们急需探讨的重要课题。下面从 6 个方面分析具体的策略。

**1. 构建 AI 教育资源共享平台**

建设专门的 AI 教育资源共享平台是整合资源的首要步骤，这些平台可以汇集国内外优质的 AI 教育内容，包括但不限于编程课程、机器人制作、智能语音识别与交互等。

同时，AI 教育资源共享平台应提供多样化的学习路径和个性化推荐系统，根据孩子的兴趣和能力定制学习计划。另外，AI 教育资源共享平台还应鼓励教师、家长和学生之间的交流与分享，形成活跃的学习社区。

**2. 充分利用在线教育平台与智能工具**

在线教育平台是 AI 家庭教育的重要载体，这些平台不仅提供了丰富的教学视频、互动课件和在线测验等资源，还支持远程教学、一对一辅导等功能。家长可以根据孩子的需求和兴趣，选择合适的在线课程进行学习。

另外，利用辅助学习的 AI 智能工具，如智能题库、自动批改系统等，可以大幅提高学习效率和质量，减轻家长的辅导负担。图 5-17 所示为猿题库手机智能做题软件，覆盖了初中和高中各个学科的知识点，包括数学、英语、语文、物理、化学、生物、政治、历史和地理等，为学生提供了一个全面的学习资源库。

**图 5-17　猿题库手机智能做题软件**

3. 激活社区资源，促进共享学习

社区是家庭教育的重要延伸，通过共享社区资源，家长可以让孩子接触到多元化的学习环境和机会。例如，社区可以组织 AI 兴趣小组、编程工作坊等活动，邀请专业人士或志愿者为孩子们提供指导和帮助。同时，家长之间也可以相互分享教育资源和经验，形成互助共进的良好氛围。

4. 融入公共图书馆与博物馆的 AI 教育活动

公共图书馆和博物馆是社会教育的重要阵地，也是孩子们了解 AI 知识的重要窗口。这些机构经常举办各种 AI 主题的展览、讲座和互动体验活动，如 AI 机器人展、智能生活体验区等。家长应鼓励孩子积极参与这些活动，通过亲身体验和互动学习，激发对 AI 技术的兴趣和好奇心。

5. 加强与科技企业和教育机构的深度合作

与科技企业和教育机构的合作是 AI 家庭教育的重要补充，这些企业和机构拥有先进的技术与丰富的教育资源，可以为家庭教育提供有力支持。

例如，家长可以与科技企业合作，让孩子参与 AI 项目的研发和实践；也可以与教育机构合作，共同开展 AI 教育培训和认证工作。通过合作，家长可以更加系统地了解 AI 教育的最新动态和趋势，为孩子的未来发展做好规划。

6. 支持 AI 教育公益项目，传递爱心与责任

公益项目在 AI 家庭教育中发挥着重要作用。通过参与或支持公益项目，家长不仅可以为孩子提供学习资源和机会，还可以培养孩子的社会责任感和公益精神。例如，家长可以通过参与 AI 科普公益讲座、编程教育进乡村等活动，让更多孩子享受到 AI 教育的福利；同时，还可以通过捐款、捐赠设备等方式支持 AI 教育的公益事业，为孩子们创造更加公平、包容的教育环境。

总之，AI 家庭教育的整合与利用社会资源是一个系统工程，需要家长、学校、社区、企业和政府等多方面的共同努力，为孩子们提供更加优质、全面和个性化的 AI 教育服务，助力他们成长为未来的科技精英和社会栋梁。

# 第 6 章

## AI 在 K-12 教育中的应用：
## 塑造未来课堂

在教育的舞台上，K-12 教育作为孩子们学习旅程的基石，正经历着一场由人工智能引领的革命。本章将深入探讨 AI 如何在 K-12 教育中发挥作用。从小学教育到初中教育，再到高中教育，AI 正逐步塑造着未来的教育模式。

# 6.1　探索 AI 在 K-12 及学前教育中的应用

随着人工智能技术的不断进步，K-12 教育正站在一个新的起点。AI 不仅为教师提供了强大的教学工具，更为学生开辟了通往知识海洋的新航道。本节重点介绍 AI 在 K-12 基础教育中的优势，以及 AI 在学前教育阶段的应用。

## 6.1.1　AI 在 K-12 基础教育中的优势

K-12 教育是美国基础教育体系的总称，K 在这里特指 Kindergarten，即幼儿园阶段；而 12 则直接对应了 12 年级，相当于中国的小学一年级至高三阶段。因此，K-12 这一术语全面涵盖了从幼儿园起始至 12 年级结束的教育历程。这一体系已被国际社会广泛采纳，作为对基础教育整体阶段的一种通用称谓。

K-12 教育作为基础教育的重要组成部分，是培养未来社会栋梁的基石。AI 技术的融入，为 K-12 教育带来了前所未有的变革与机遇，其优势日益凸显。相关分析如下。

### 1. 提高教学的针对性和效率

AI 通过大数据分析，能够精准捕捉学生的学习行为、能力水平及兴趣偏好，为每位学生绘制出个性化的学习画像。基于这些数据，教师可以更加精确地定位学生的学习难点和薄弱环节，制订更有针对性的教学计划。

同时，AI 还能自动化处理一些重复性、低层次的教学任务，如批改作业、答疑解惑等，从而释放教师的时间和精力，让他们能够专注于更高层次的教学设计与情感交流，显著提高教学效率与质量。

### 2. 为学生量身定做教育方案

每个学生都是独一无二的个体，他们有着不同的学习风格、节奏和潜能。AI 能够根据学生的个性化特征，智能推荐适合其发展的学习资源、路径和方法，实现真正的"因材施教"。

这种量身定做的教育方案，不仅有助于学生更快地掌握知识，还能激发他们的学习兴趣和动力，促进其潜能的充分开发。另外，AI 还能根据学生的进步情况动态调整学习方案，确保学习过程始终保持在"最近发展区"，促进学生持续进步。

### 3. 提供丰富多样的教学资源

AI 打破了传统教育资源的时空限制，为学生提供了海量、高质量、多样化的学习材料。从虚拟实验室、在线课程到互动游戏、智能题库，AI 能够根据学生的需求和学习进度，灵活组合和推送各类资源。这些资源不仅涵盖了基础学科知识，还融入了最新的科研成果、前沿技术和社会热点，有助于拓宽学生的视野，增强学习的趣味性和实效性。同时，AI 还能通过虚拟现实、增强现实等先进技术，为学生创造沉浸式的学习体验，使抽象概念具体化、复杂过程可视化，从而提高学习效果。

## 6.1.2　AI 在学前教育阶段的应用

AI 在教育领域的应用边界不断拓宽，特别是在学前教育阶段，AI 以其独特的优势，正逐步成为幼儿成长道路上的智慧伙伴。在将 AI 引入学前教育时，首要任务是确保技术的安全性、适宜性和教育性。这就意味着 AI 应用应基于儿童心理学和教育学的原则，避免过度技术化而忽视幼儿的情感需求和发展特点。

在将 AI 融入学前教育时，需要注意以下事项。

❶ 以幼儿为中心：设计符合幼儿认知水平和兴趣爱好的 AI 产品，确保内容健康、积极向上。

❷ 教师引导：AI 作为辅助工具，应与教师的专业指导相结合，共同促进幼儿全面发展。

❸ 家庭参与：鼓励家长了解并参与到 AI 辅助的学前教育中，形成家校共育的良好氛围。

下面将深入探讨 AI 如何融入幼儿教育，特别是在角色扮演、个性化学习指导、激发幼儿创造力与想象力、社会情感学习，以及协助幼儿教师进行课程开发和备课等方面的应用。

### 1. AI 角色扮演：增强幼儿语言与社交能力

AI 能够模拟人类语言交流，通过角色扮演的方式与幼儿进行互动对话，这不仅能激发幼儿的语言兴趣，还能促进他们的社交技能发展。

例如，某款 AI 早教机器人能够扮演多种角色（如动物、卡通人物等），根据幼儿的提问和兴趣点进行智能回应，引导幼儿进行语言模仿、故事讲述等活动。这种互动不仅能增强幼儿的语言表达能力，还能让他们在轻松愉快的氛围中学习新知识。

### 2. 个性化学习路径：AI 助力幼儿精准成长

每个幼儿都是独一无二的，他们的学习速度、兴趣点和需求各不相同。AI 能够通过对幼儿学习行为的大数据分析，为每位幼儿提供个性化的学习指导方案。AI 能够根据幼儿的答题情况、学习进度和兴趣偏好，智能推荐适合的学习资源和练习题。同时，AI 还能实时跟踪幼儿的学习成效，为教师提供反馈报告，帮助教师更好地了解幼儿的学习状况，进行有针对性的教学调整。

## 【案例46】阿尔法蛋儿童 GPT 机器人：幼小衔接与早教启航的智趣伙伴

阿尔法蛋儿童 GPT 机器人是一款融合学习启迪、娱乐休闲与温馨陪伴于一身的 AI 产品，其精巧雅致的外观设计不仅为居家环境增添一抹科技时尚感，更在有限空间内实现了视觉与功能的完美平衡。只需简单连接 Wi-Fi 或手机热点，阿尔法蛋儿童 GPT 机器人便能瞬间融入孩子的世界，成为他们成长路上的亲密伙伴。

阿尔法蛋儿童 GPT 机器人深知每个孩子成长的独特性，特别设计了针对幼小衔接及早教启蒙的专属功能，能根据孩子的年龄阶段与个性化兴趣，量身定制学习路径，以趣味横生的教学方式引领孩子探索知识的海洋，相关示例如图 6-1 所示。面对孩子的每一个好奇提问，阿尔法蛋儿童 GPT 机器人都能以耐心细致的解答，激发孩子的探索欲，助力他们轻松跨越学习门槛，自信迎接新阶段的挑战。

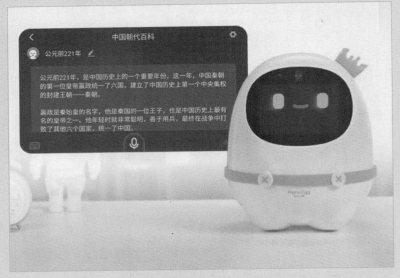

**图 6-1　阿尔法蛋儿童 GPT 机器人的学习功能示例**

除了强大的学习辅助能力，阿尔法蛋儿童 GPT 机器人还是一位多才多艺的家庭娱乐大师。从悠扬旋律到趣味笑话，从益智游戏到亲子互动，它总能以丰富多样的形式为家庭成员带来欢笑与放松。当父母暂时抽不开身时，阿尔法蛋儿童 GPT 机器人更是孩子最贴心的玩伴，用温暖的陪伴填满每一个成长的瞬间。

阿尔法蛋儿童 GPT 机器人以其卓越的适应性和便捷性，轻松融入现代家庭的每一个角落。从客厅的亲子时光到卧室的睡前故事，再到书房的独立学习，它都是孩子不可或缺的良师益友。

### 3. 激发创造力与想象力：AI 创造无限可能

AI 不仅能够提供知识传授，还能通过创新的应用场景激发幼儿的创造力和想象力。例如，虚拟现实技术和增强现实技术可以为幼儿创造一个充满奇幻色彩的虚拟世界，让他们在其中自由探索、创作和想象。

另外，AI 还能通过模拟社交场景，帮助幼儿学习如何与他人相处、分享和合作，从而培养他们的社会情感能力。例如，某 AI 社交游戏可以让幼儿在游戏中扮演不同角色，体验不同的社交情境，学习处理人际关系中的冲突和合作。

4. 教师的得力助手：AI 助力备课与课程创新

AI 技术的引入极大地丰富了幼儿教师的课程开发和备课资源。通过 AI 平台，教师可以轻松获取丰富的教学素材、教案和案例分析，为课程设计提供更多灵感和选择。AI 还能根据教学大纲和幼儿发展目标，智能推荐适合的课程内容和活动设计，帮助教师更高效地制订教学计划。另外，AI 还能对教师的教学过程进行数据分析，提供反馈和建议，帮助教师不断优化教学策略，提升教学质量。

# 6.2　AI 在小学教育阶段的应用

在小学这一基础教育阶段，AI 不仅能够为教师提供强有力的辅助工具，促进个性化教学与高效课堂管理；还能激发学生的学习兴趣，提升他们的互动学习能力与基础技能水平。本节将深入探讨 AI 在小学教育阶段的应用，特别是其对教师教学与学生学习两大方面的积极影响。

## 6.2.1　AI 对教师的辅助：个性化教学与课堂管理

下面将详细探讨 AI 在小学教育阶段如何对教师进行深度辅助，具体涵盖个性化教学计划、智能批改与反馈、课堂管理优化以及教学资源推荐 4 个方面。

1. 个性化教学计划

AI 可以分析学生的学习数据，如成绩、学习习惯、兴趣偏好等，为教师提供定制化的教学建议。这有助于教师更精准地把握每位学生的学习状况，设计符合其个性化需求的教学计划，从而提高教学效果。

2. 智能批改与反馈

AI 能够识别并评估学生的作业和考试答案，迅速给出分数和初步反馈。AI 不仅限于回答简单的选择题和填空题，还能处理复杂的论述题和作文，通过自然语言处理技术理解文本内容，评估学生在逻辑、语法、拼写等方面的能力。

教师只需设定评分标准和规则，AI 即可自动完成批改工作，大大减轻教师的负担。同时，AI 还能提供详细的反馈报告，指出学生的错误类型和改进建议，帮助教师更好地了解学生的学习难点，为后续教学提供参考。

### 3. 课堂管理优化

AI 可以结合物联网、人脸识别等技术，实现对学生课堂行为的实时监控与分析，能够识别学生的出勤情况、注意力集中度、参与度等关键指标，为教师提供直观的课堂管理视图。

例如，当检测到某位学生长时间未参与课堂互动时，AI 会自动提醒教师关注，帮助教师及时调整教学策略以吸引学生的注意力。另外，AI 还可以集成在线投票、即时问答等功能，增强课堂的互动性和趣味性，提高学生的参与度和学习效果。

### 4. 教学资源推荐

AI 可以利用大数据分析和机器学习算法，根据学生的兴趣、学习进度和能力水平，为他们推荐最适合的学习资源和路径，包括但不限于在线课程、教学视频、互动习题、阅读材料等。

AI 还能够根据学生的历史学习行为和反馈，不断地优化推荐算法，确保每位学生都能获得量身定制的学习资源。这种个性化的推荐方式不仅能提高学生的学习效率，还能激发他们的学习兴趣和动力，促进学生的全面发展。

## 【案例 47】蛙蛙写作：AI 在小学教育中的精准助力

蛙蛙写作是一款专注于学术教育领域的 AI 辅助工具，以其精准满足用户需求的特点，为小学教育阶段的学生和教师带来了前所未有的便捷与高效。

蛙蛙写作在学生作业方面的主要功能如下。

❶ 学生作文：面对作文这一令许多小学生头疼的任务，蛙蛙写作能够根据给定的字数和主题，迅速生成言辞优美、逻辑清晰的作文草稿。这不仅能激发学生的写作兴趣，还能教会他们如何围绕主题展开论述，提升语言表达能力。

❷ 社会实践报告：社会实践是小学生了解社会、增长见识的重要途径。蛙蛙写作能够一键生成真实自然的社会实践报告，帮助学生总结实践中的所见所闻、所感所悟，使报告内容更加丰富、生动。

❸ 思想汇报、检讨书等：这些文体的写作往往要求学生进行深入的自我反思和情感表达。蛙蛙写作通过提供框架和示例，引导学生真诚地表达自己的想法和感受，促进学生情感的健康发展。

❹ 实验报告、读书笔记：在科学探索和阅读过程中，蛙蛙写作能帮助学生准确记录实验过程和结果，整理阅读内容，生成有条理、有深度的报告和笔记，为学术研究和个人成长打下坚实基础。

蛙蛙写作在教师教学方面的主要功能如图 6-2 所示，相关介绍如下。

❶ 教师学期工作总结：学期末，教师需要回顾整个学期的教学工作，撰写总结

报告。蛙蛙写作能够根据教师的教学日志、学生反馈等信息，自动生成全面、详尽的学期工作总结，减轻教师的负担，同时提高总结的准确性和深度。

图 6-2　蛙蛙写作在教师教学方面的主要功能

❷ 教师培训心得：参加培训是教师自我提升的重要途径。蛙蛙写作能根据培训内容，生成个性化的心得体会，帮助教师更好地吸收和转化所学知识，促进教师专业成长。

❸ 课题申报与教学计划：在课题研究和教学准备阶段，蛙蛙写作提供结构化框架和专业化指导，协助教师撰写课题申报材料和教学计划。这不仅有助于提高申报成功率，还能确保教学计划的针对性和有效性。

❹ 学生学期评价与学情分析：蛙蛙写作能综合学生的考试成绩、课堂表现、作业完成情况等多方面数据，生成个性化的学期评价报告和学情分析报告。这为教师提供了全面、深入的学生画像，有助于教师因材施教、精准施策。

## 6.2.2　AI 对学生的促进：互动学习与基础技能培养

AI 为小学生带来了前所未有的学习体验，不仅改变了传统的教学模式，更在多个方面显著促进了学生的学习动力与兴趣、自主学习能力、基础技能以及社交与协作能力的发展。下面将详细探讨 AI 如何在这 4 个方面对学生产生积极影响。

1. 增强学习动力与兴趣

AI 通过游戏化学习、虚拟现实等互动方式，使学习过程更加生动有趣，激发学生的好奇心和探索欲，从而提高他们的学习动力与兴趣。相关介绍如下。

❶ 游戏化学习：将学习内容融入游戏中，通过闯关、积分、奖励等机制激发学

生的学习兴趣。同时，学生可以在游戏中探索知识、解决问题，享受学习带来的成就感。AI 可根据学生的学习进度和表现，智能调整游戏难度，确保每个学生都能在适合自己的挑战中不断进步。

## 【案例 48】腾讯开心鼠启蒙：针对儿童的学习启蒙互动课程

腾讯开心鼠启蒙（也称为腾讯开心鼠 ABCmouse）是一门针对儿童的学习启蒙互动课程。腾讯开心鼠启蒙由美国著名教育科技公司 Age of Learning 研发，在美国已有 10 年以上的历程。2018 年，腾讯将其引入中国，并进行了本地化改良，使其更适合中国孩子的学习需求。图 6-3 所示为腾讯开心鼠启蒙的基本功能板块。

**图 6-3　腾讯开心鼠启蒙的基本功能板块**

腾讯开心鼠启蒙主要设有 S1 和 S2 两个级别，分别针对不同年龄段的孩子。S1 级别注重培养孩子的英语兴趣、学习基本词汇和句子、锻炼听说能力；S2 级别则进一步提升孩子的听说读写能力、掌握日常对话、进行分级阅读。

腾讯开心鼠启蒙的课程内容丰富，包括主线课程和辅助资源。主线课程分为"听力与口语"和"拼读与阅读"两大类，围绕实用话题展开，通过外教口语课、单词点点乐、听力理解、口语打分、动画故事等环节教授；辅助资源则包括游乐场、电影院、图书馆、音乐厅、科技馆等，形式多样，内容丰富。

例如，音乐厅实际上是一个集多功能于一体的音乐播放器，会自动播放歌曲，同时提供英语发音和英文字幕，还有植入的 3D 形象随着歌曲节奏跳舞，增添互动乐趣，如图 6-4 所示。同时，每当完成一次聆听，孩子都会获得奖励票作为回馈。

腾讯开心鼠启蒙提供了一系列互动课程，目的是提升孩子的英语听说和阅读能力。同时，课程内容是由教育专家精心编排的学习内容体系，可以帮助小朋友由浅入深、循序渐进地学习主题内容。另外，腾讯开心鼠启蒙课程中的互动环节较多，如游戏练习、跟读单词、绘画涂色等，旨在提高孩子的学习兴趣和参与度。

图 6-4　腾讯开心鼠启蒙中的音乐厅

❷ 虚拟现实：通过 VR 为学生提供沉浸式的学习环境，使他们能够"亲临"历史事件现场、探索宇宙奥秘或参观远古文明遗址。这种身临其境的学习体验极大地增强了学生的好奇心和探索欲，使学习变得更加生动有趣。

2. 提升自主学习能力

AI 可以鼓励学生主动提问、自主探究，通过智能答疑系统、在线学习社区等渠道获取答案和帮助。这种学习方式能够培养学生的独立思考能力和解决问题的能力，为终身学习打下基础。

AI 不仅能够回答学生的问题，提供解题思路和步骤，甚至会进行个性化的讲解。学生可以通过与 AI 互动，自主解决学习中的难题，逐步培养独立思考和解决问题的能力。

3. 强化基础技能

AI 能够针对学生的薄弱环节进行有针对性的训练，如阅读理解、数学运算、外语听说等，通过大量练习和即时反馈，有效提升学生的基础技能水平。例如，Mathway 能够解决各种数学难题，并提供详细的解题步骤和解释，如图 6-5 所示；Grammarly 则专注于语法和拼写检查，帮助学生提高写作水平。

4. 提升社交与协作能力

在 AI 辅助的在线学习环境中，学生需要与他人合作完成任务，分享学习成果，这有助于培养他们的社交与协作能力。同时，AI 还能通过模拟对话、角色扮演等方式，提升学生的沟通表达能力。

如 Google Classroom、Microsoft Teams 等协作式学习平台，为学生提供了

在线协作的空间和工具，使他们能够共同完成学习任务、分享学习成果。AI 技术通过智能分组和项目管理功能，帮助学生建立有效的团队协作机制，提高协作效率和质量。同时，平台还支持实时交流和反馈，促进了学生之间的沟通和理解。

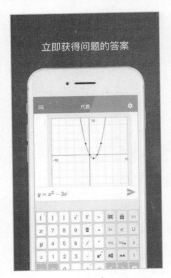

图 6-5　Mathway 工具

在某些学习场景中，AI 还可以创建虚拟角色与学生进行互动，如图 6-6 所示。这些角色可以是历史人物、科学家或虚构角色，他们通过对话、问答等形式与学生交流思想、分享知识。这种互动不仅能丰富学生的学习体验，还能培养他们的社交技能和同理心。

图 6-6　AI 创建的虚拟角色

# 6.3　AI 在初中教育阶段的应用

在初中教育阶段，AI 的应用不仅为传统教学模式带来了革新，更为教师和学生提供了前所未有的支持与便利。AI 技术的融入，不仅提升了教师的教学创新能力，还通过智能辅导工具促进了学生的个性化学习，为初中教育质量的提升注入了新的活力。本节将深入探讨 AI 在初中教育阶段的应用，重点关注 AI 对教师创新能力的培养以及对学生智能辅导工具的促进作用。

## 6.3.1　AI 对教师的辅助：创新能力培养

AI 通过其强大的数据处理和分析能力，为教师提供了丰富的教学资源和个性化的教学建议。教师能够利用 AI 工具深入了解学生的学习状态和需求，从而设计出更符合学生实际情况的教学方案。这种基于数据的决策支持，使得教师的教学创新不再局限于经验和直觉，而是更加科学、精准。

### 【案例 49】文心一言：为初中数学教师生成教学建议

AI 可以通过分析学生的学习数据，为教师推荐适合的教学方法、学习资源和评估方式，帮助教师不断优化教学策略，提升教学质量。下面以文心一言为例，介绍用 AI 为初中数学教师生成教学建议的方法。

**提示词**

我是初中数学老师，我教的班级里有一名同学解一次函数题目的能力很低，十分的题只能得一两分。我准备抽空给这名同学进行一对一辅导，你有什么建议

**文心一言**

针对您提到的这位在解一次函数题目上遇到困难的学生，一对一辅导是一个非常有针对性和高效的教学方法。

以下是一些具体的建议，希望能帮助您更有效地进行辅导。

**1. 基础概念回顾**

首先，确保学生对一次函数的基本概念有清晰的理解，包括一次函数的一般形式 $y=kx+b$，其中 $k$ 是斜率，$b$ 是截距。解释斜率 $k$ 的意义（表示函数图像的倾斜程度），以及截距 $b$ 的意义（表示函数图像与 $y$ 轴的坐标值）。

**2. 直观理解**

使用图形辅助说明，画出不同斜率 $k$ 和截距 $b$ 的一次函数图像，让学生直观感受

这些参数如何影响函数图像。通过实际例子（如速度-时间问题、成本-数量问题等）来解释一次函数在现实生活中的应用，帮助学生建立直观理解。

### 3. 分步解题

教授学生如何分步骤解决一次函数题目。例如，先识别题目中的已知量和未知量，然后设定一次函数表达式，接着利用已知条件求解未知数。强调解题过程中的逻辑性和条理性，确保每一步都有明确的依据。

### 4. 大量练习

提供大量的练习题，从简单到复杂，逐步提升学生的解题能力。鼓励学生多做题，并在做题过程中总结经验和教训，找出自己的薄弱环节进行有针对性的练习。

### 5. 错题分析

定期检查学生的练习情况，对错题进行仔细分析，找出错误的原因。引导学生学会自己分析错题，找出解题过程中的思维误区或知识盲点，并帮助他们纠正。

### 6. 鼓励与反馈

给予学生积极的鼓励和肯定，让他们感受到自己的进步和成就。及时反馈学生的表现，指出他们的优点和不足，并提出具体的改进建议。

### 7. 培养兴趣

尝试将一次函数的学习与学生感兴趣的事物联系起来，如游戏、音乐、体育等，激发他们的学习兴趣。鼓励学生参与课堂讨论和小组合作，培养他们的合作精神和交流能力。

### 8. 定期评估

定期对学生进行一次函数知识的测试或评估，了解他们的学习进度和掌握情况。根据评估结果调整辅导计划和教学方法，确保辅导的针对性和有效性。

通过以上这些建议的实施，相信您能够有效地帮助这位学生在解一次函数题目上取得显著的进步。

AI 还能够辅助教师进行日常的教学管理工作，如作业批改、成绩统计、出勤分析等，大大减轻教师的负担。

同时，AI 还能为教师提供实时的反馈和评估，帮助教师及时了解教学效果，调整教学策略，确保教学活动的高效进行。这种高效的教学管理和反馈机制，能够为教师的创新能力培养提供有力保障。

## 6.3.2 AI 对学生的促进：智能辅导工具

在初中教育阶段，AI 通过智能辅导工具为学生提供了前所未有的学习支持和个性化学习体验。AI 不仅能够帮助学生巩固基础知识，还能在解题技巧、思维拓展等方面给予精准指导，从而显著提升学生的学习效率和效果。

AI 能够实时分析学生的答题情况，精准诊断学生在解题过程中存在的问题，如概念理解不清、解题步骤错误、计算失误等。同时，AI 还能提供即时的反馈和建议，帮助学生快速发现并纠正错误，从而加深对知识点的理解和记忆。

### 【案例 50】科大讯飞 AI 翻译笔：基于人工智能的课堂教学评测系统

科大讯飞 AI 翻译笔，凭借其在语音实时发音领域的卓越成就——61 项国际人工智能大赛桂冠，以及在中高考、四六级和普通话测试中的广泛应用与权威认证，专为初中及以上年龄段学生量身打造，如图 6-7 所示。

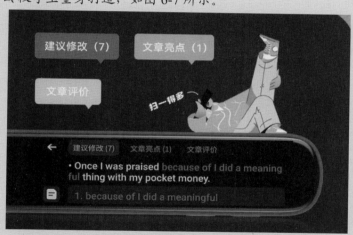

**图 6-7 科大讯飞 AI 翻译笔**

AI 翻译笔不仅集成了讯飞星火大模型的强大功能，还能实现个性化的英语口语陪练，让学生随时随地沉浸在纯正的英语对话中。从单词记忆、语法解析到作文批改，AI 翻译笔能够全方位助力孩子的英语学习之路，其主要功能特点如下。

❶ 独特的"查—学—记"记词法，让单词记忆更牢固。

❷ AI 语法分析功能可深度剖析长难句，多维度提升语法理解。

❸ AI 作文批改功能可根据学生学段定制评分标准，全方位优化写作技能。

另外，科大讯飞 AI 翻译笔还支持多语种学习，包括语文及日、韩、德、法、西、俄等第二外语，配备护眼屏，在保护视力的同时提升学习效率，是学生从初中英语到大学学习不可或缺的智能伙伴。

# 6.4 AI 在高中教育阶段的应用

在高中这一承上启下的关键学习阶段，AI 的应用更是展现出了巨大的潜力和价值。AI 不仅能够为教师提供高效的教学辅助工具，提升教学质量与效率，还能为学生量身定制学习计划，推动整个高中教育体系的创新与升级。本节将深入探讨 AI 在高中教育阶段的应用，重点分析其对教师与学生的具体帮助。

## 6.4.1 AI 对教师的辅助：丰富教学内容和形式

AI 在高中教育阶段，特别是教师的教学辅助方面，展现出了巨大的潜力。教师能够巧妙地融合人工智能技术于教学设计与评估之中。具体而言，AI 能深入分析教学内容，助力教师优化课程设计，确保教学方案更加贴合学生的实际需求与学习节奏。

在高中教学领域，AI 的应用不仅能显著提升学生的学习成效，还能极大地丰富教师的教学内容与形式。借助 AI 技术，学生能够接触到一个更加多元化、互动性强的学习世界。例如，教师能够借助 AI 构建逼真的虚拟实验环境，让学生在安全无虞的条件下进行实验操作，有效增强其实践操作与问题解决能力。相关示例如图 6-8 所示。

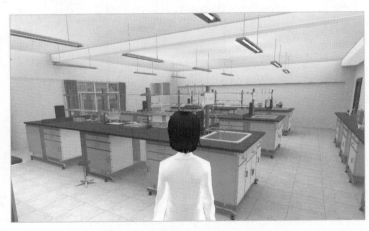

图 6-8 虚拟实验环境的相关示例

## 6.4.2 AI 对学生的促进：即时解答知识难点

高中人工智能课程旨在使学生掌握 AI 的核心概念，了解其发展历程，并认识到

AI 在社会中的重要作用。课程内容通常涵盖数据与计算的基础知识、AI 的核心算法、机器学习以及 AI 在不同领域的应用。

教学方法强调案例分析、项目设计和实践操作，鼓励学生通过亲身体验来理解 AI 技术。以人脸识别为例，教师讲解系统的工作原理和过程，使学生理解智能系统是如何结合输入数据，通过数据计算展现智能行为的。

学生将接触到各种 AI 工具和平台，如机器学习算法库、编程语言（如 Python）和数据分析工具。这些工具不仅能帮助学生理解理论知识，还能使他们将所学应用于解决实际问题。学生可以随时向 AI 提问，获得即时解答。AI 还能根据学生的疑问，智能推荐相关学习资料和练习题，巩固知识点，解决学习难题。

## 【案例 51】清北道远高中学习平板：给学生提供定制化的学习体验

清北道远高中学习平板是由北京道远教育科技有限公司推出的一款专为高中学生设计的学习设备。该平板集成了丰富的教学资源和功能，旨在帮助学生提升学习效率和成绩。

清北道远高中学习平板涵盖了高中各科目内容，包括数学、语文、英语、物理、化学、生物、地理、历史等，实现知识点的全面覆盖。平板内包含由清华北大名师讲解的视频课程，旨在帮助学生深入理解难点重点。

清北道远高中学习平板还配备了一项创新的"高中 AI 测"功能。该功能能够迅速识别并定位学生在各个学科上的薄弱环节，进行定制化学习，如图 6-9 所示。学生可以根据自己的学习进度，选择章节、月度或学期等不同维度进行在线考试，实现及时地查缺补漏。这种定制化的学习体验，不仅能帮助学生强化知识掌握，还能极大地提升学习效率和质量。

图 6-9　"高中 AI 测"功能

# 第 7 章

## AI 在大学教育中的应用：
## 高等教育新篇章

　　AI 在大学教育中的应用正逐渐展现出其全面而深刻的影响力，并重塑着大学教育的每一个环节。通过本章的学习，读者将对 AI 在高等教育中的作用有一个全面的了解，并认识到其在培养未来社会所需人才方面的重要价值。

# 7.1　AI 与大学教育的融合

随着人工智能技术的飞速发展，大学教育正迎来前所未有的变革。AI 不仅在教学方法、课程内容、学习评估等方面展现出巨大潜力，也为应对教育中的挑战提供了新的机遇。在本节中，我们将深入讨论 AI 与大学教育如何融合，以及这种融合如何影响教育的现在和未来。

## 7.1.1　大学教育面临的挑战与机遇分析

随着 ChatGPT 等生成式大型模型技术的迅猛发展与快速迭代，AI 对经济社会的影响日益显著，这一趋势同样深刻地触及并重塑了大学教育系统。相关分析如下。

1. 大学教育面临的挑战

在这个由大数据、人工智能等先进技术驱动的新时代，大学教育的各个方面——从学生的学习方式、教师的教学模式，到学校的管理手段、教育评价体系，都在经历着深刻的转型与重塑。

AI 技术的广泛应用，不仅为大学教育带来了全新的教学工具和学习资源，更促使高校重新审视教育的本质与目的，探索更加个性化、智能化、精准化的教育路径。下面重点分析大学教育面临的挑战。

❶ 学生个性化学习需求的崛起。随着 AI 技术的快速发展，学生不再满足于传统的范式化学习，他们渴望根据个人兴趣和能力定制学习路径。学生对个性化学习的需求要求高校提供更加灵活和多样化的课程设置、教学方法和学习路径。这对传统的标准化、统一化的大学教学模式构成挑战。

高校需要开发和整合智能教育平台与工具，以适应不同学生的学习节奏和风格，同时提供定制化的学习资源和辅导。信息技术的普及使得知识获取方式多样化，学生可以随时随地通过在线课程、智能学习平台等获取所需知识，促进学习方式的个性化转变。

中共中央、国务院印发的文件《中国教育现代化 2035》第八条明确提出，要利用现代技术推动人才培养模式改革，实现规模化教育与个性化培养的有机结合，详细内容如下。

八是加快信息化时代教育变革。建设智能化校园，统筹建设一体化智能化教学、管理与服务平台。利用现代技术加快推动人才培养模式改革，实现规模化教育与个性化培养的有机结合。创新教育服务业态，建立数字教育资源共建共享机制，完善利益分配机制、知识产权保护制度和新型教育服务监管制度。推进教育治理方式变革，加快形成现代化的教育管理与监测体系，推进管理精准化和决策科学化。

❷ 教师角色的智能化重塑。在 AI 教育时代，教师的角色不再局限于知识的传授者，而是转变为学生学习过程中的引导者和支持者。AI 技术的融入要求教师更新教学方法，利用智能工具进行课堂管理和教学设计，这可能需要额外的培训和专业发展。

教师需要具备数字素养和信息素养，掌握数字技能，运用智能教育技术工具为学生创造丰富多样的学习环境。同时，教师还需关注学生的创新思维、问题解决能力、团队协作能力和持续学习能力的培养，引导学生主动探索和应用知识。

因此，高校等教育机构需要为教师提供 AI 技术培训，帮助他们适应新角色，并有效利用 AI 工具辅助教学和评估。

❸ 学校管理向精准化迈进。在 AI 教育时代，高校管理需要由粗放型向精准化转变。实现精准化管理需要高校投入资源建设和维护复杂的数据收集、分析和应用系统，这可能涉及隐私保护和数据安全的问题。

因此，大学必须建立健全数据管理体系，确保数据的有效利用和学生隐私的保护，同时提高决策的数据驱动能力。通过大数据和人工智能技术，高校可以实现对各类教育数据的全面采集和分析，为教育管理决策提供真实可靠的依据。

同时，智慧教学环境和智慧管理平台的搭建，也为自动化、多元化、智能化地完成数据采集任务提供了便利，使得高校管理更加科学、规范。

❹ 教育评价的多元化革新。传统教育评价体系存在信息模态单一、过程性数据缺乏、评价结果反馈滞后等问题。多元化评价体系要求超越传统的考试和评分方法，开发更多维度的评价标准和工具，这可能需要改变现有的教育评价观念和实践。

高校需要探索和实施新的评价方法，如同行评价、自我评价、项目评价等，这些评价方式更能全面反映学生的学习成果和能力发展。

应用无感式数据采集、多模态数据融合处理、智能化诊断分析等技术手段，可以实现对学生学习情况的全过程纵向评价和德智体美劳全要素横向评价，推动教育评价朝着多元化、系统性、综合式方向发展。

2. AI 时代下的大学教育新机遇

在 AI 教育时代的大潮中，大学教育既面临着巨大的挑战，也拥有广阔的发展前景。只有紧跟时代步伐，不断探索创新，才能在变革中抓住机遇，为培养更多具有创新精神和实践能力的高素质人才贡献力量。

下面重点分析 AI 为大学教育带来的新机遇。

❶ 教育环境与资源的个性化重构。在 AI 教育时代，高校需要重塑以学生为中心的教育环境体系，重构教学资源供给方式。高校可以通过建设物联感知平台、数字图

书馆、数字博物馆等智能化、体验式的学习环境，以及连通各类教学和育人空间，打造处处能学、时时可学的智能教育教学环境。同时，高校需要完善教学资源类型，形成内外协同的资源共享体系，满足学生个性化学习需求。

❷ 教学模式与教师培训的智能化探索。高校应积极探索信息化、人工智能等新技术与教学的深度融合，构建"AI＋教育教学"新模式，通过在线智能实验教学模式等创新方式，提高教学效率和质量。同时，高校还需推动教师培训朝着智能化方向发展，提升教师的信息化素养和"智能＋教育"应用能力，支持教师终身学习、持续发展。

❸ 数据驱动与数智赋能的精准化管理。在 AI 教育时代，大学应强化数据驱动和数智赋能在管理中的应用，通过搭建智慧教学环境和智慧管理平台，实现对教育数据的全面采集和分析，为教育管理决策提供科学依据。

同时，高校还需运用数据分析技术查找问题原因，预判发展态势，及时预警并采取行动，实现管理的精准化和高效化。

❹ 聚焦成长过程与全面发展的多元化评价。为了更好地迎接 AI 教育时代的到来，高校应聚焦学生的成长过程和全面发展，推动教育评价朝着多元化方向发展。

高校可以通过构建智能化的教育评价体系，实现对学生学习情况的全过程纵向评价和德智体美劳全要素横向评价。同时，高校还需关注学生的个体差异和个性化需求，提供个性精准的支持服务，促进学生的全面发展。

## 7.1.2　AI 技术在大学教育中的融合策略

当前，如何有效地融合 AI 技术，提升教学质量与效率，成为大学教育改革的重要课题。下面将探讨 AI 技术在大学教育中的融合策略，从构建数字基座、加速智慧课堂建设到优化资源应用层面，全面解析 AI 如何赋能大学教育。

### 1. 构建数字基座：AI 融合教育的基石

在 AI 技术融入大学教育的过程中，构建一个稳固的数字基座是首要任务。这一基座不仅包括硬件设施的升级，更涉及数据平台的建设、网络安全的保障以及教育资源的数字化转换。

高校需加大投入，建设高速稳定的校园网络，部署智能教学设备，如智能黑板、虚拟现实教室等。图 7-1 所示为智能黑板，也常被称为交互式电子黑板或数字黑板，是一种集成了现代信息技术的先进教学设备。

同时，高校需要建立统一的数据管理平台，实现教学数据的收集、分析与共享；加强网络安全防护，确保教育数据的安全性与隐私保护。构建这样的数字基座，能够为 AI 技术在大学教育中的广泛应用奠定坚实基础。

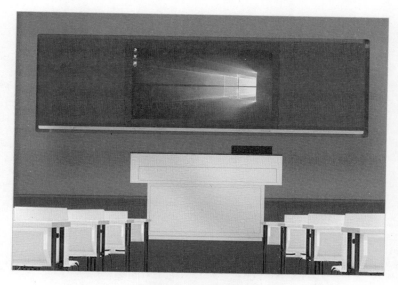

图 7-1　智能黑板

## 2. 加速智慧课堂建设：实现因材施教的新路径

智慧课堂是 AI 技术在大学教育中的直接体现，它利用 AI 技术优化教学过程，实现个性化教学，满足不同学生的学习需求。

智慧课堂通过引入智能教学系统，能够实时分析学生的学习行为、能力水平和兴趣偏好，为教师提供精准的教学建议；同时，利用 AI 技术设计个性化学习路径，推送定制化的学习资源，帮助学生提高学习效率。另外，智慧课堂还支持在线互动、即时反馈等功能，增强课堂互动性与趣味性，激发学生的学习兴趣与积极性。

## 3. 优化资源应用层面：AI 助力教育资源的最大化利用

在资源有限的情况下，如何高效利用现有资源提升教学质量，是大学教育面临的重要挑战。AI 技术在这一方面展现出巨大潜力。

利用 AI 技术，高校可以对教学资源进行智能化管理，实现资源的优化配置与共享，例如：利用 AI 算法分析课程需求与资源分布，为师生提供精准的资源推荐与获取途径。同时，AI 还可以辅助教师进行教学设计与资源开发，提高教学资源的质量与丰富度。另外，通过 AI 驱动的在线学习平台，学生可以随时随地获取优质教育资源，打破时空限制，实现教育资源的最大化利用。

### 【案例 52】浙江大学：新一代科教平台赋能知识点微课程教育

浙江大学推出的智海平台作为新一代科教平台，正致力于通过人工智能技术赋能知识点微课程教育，推动高等教育与人工智能技术的深度融合。智海平台的建立，旨在聚焦人工智能人才培养、学科交叉及人工智能生态建设，促进人工智能交叉学科范式变革和场景应用的赋能。

智海平台的三大热点功能体现了其创新性和实用性，具体如下。

❶ 以知识点为中心的数字化教学资源集成：平台将视频、音频、实训案例和 PPT 等教学资源整合，按照知识点进行结构化组织，形成高质量的数字化教学资源，支持学生主动学习和教师创造性教学。

❷ 交互性实训平台智海-Mo：提供沉浸式教学和边学边练的操作体验，以及低门槛的在线模型开发，推动从"知识本位教育"向"能力本位教育"的转变，如图 7-2 所示。

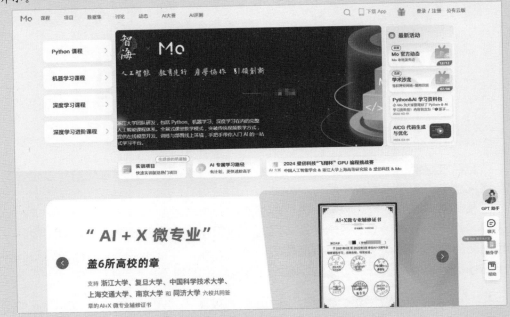

**图 7-2 交互性实训平台智海-Mo**

❸ 智能教育大模型智海-三乐：利用人工智能技术为学习者提供实时答疑和学习资源推荐等个性化学习功能，通过高教社云服务平台对外提供服务，构建人工智能赋能教育的新范式。

智海平台的推出，不仅是浙江大学在人工智能教育领域的一次重要创新，更是对国家"人工智能+"行动战略部署的积极响应。智海平台的建设和应用，将极大地促进人工智能技术的人才培养和学科交叉，为高等教育注入新的活力。

智海平台的实践案例，如华东六校共建共享 AI＋X 微专业、教育部"101 计划"核心课程"人工智能引论"教学等，都体现了其在人工智能领域育人实训平台的重要作用。随着浙江大学人工智能教育教学研究中心的成立，智海平台将在全校范围内为本科生提供人工智能通识课程，打造人工智能通识课程体系和实训范式，让更多师生受益于这一通用智能技术。

　　智海平台的建设和应用，标志着浙江大学在人工智能教育领域的前瞻性和创新力，为高等教育与人工智能技术的融合发展提供了宝贵的经验和启示。

# 7.2　AI 在大学教育中的应用

　　大学教育作为培养未来社会栋梁的摇篮，更是率先探索并实践 AI 技术的前沿阵地。本节将深入探讨 AI 在大学教育中的六大应用场景，旨在揭示 AI 如何重塑大学教育的未来图景。

## 7.2.1　利用 AI 辅助学生完成作业和项目

　　传统的学习模式往往依赖于个人的知识储备、时间管理和自主学习能力，而在信息爆炸的今天，如何高效地筛选、整合和应用知识成为大学生们亟待解决的问题。AI 技术的兴起，为这一难题提供了创新的解决方案。

　　AI 不仅能够作为强大的辅助工具，帮助学生提升作业质量，还能在复杂的学业项目中发挥关键作用，引领教育朝着更加智能化、个性化的方向发展。下面将深入分析 AI 如何辅助大学生完成作业和项目。

　　1、认识大学作业的现状与难题

　　当前，大学生在完成作业的过程中，常常会遇到资料查找烦琐、时间管理不当、知识点理解不透彻等问题。而传统辅导方式受限于时间、空间及教师资源，难以满足每个学生的个性化需求；同时，随着学科交叉性的增强，单一领域的知识已难以满足复杂作业的要求。

　　2. AI 辅助写作，提升作业质量

　　AI 通过分析学生的学习历史和兴趣偏好，智能推荐相关学习资源和参考文献，减轻学生查找资料的负担。利用自然语言处理技术，AI 能够自动检查作业中的语法错误、拼写错误，并提供优化建议，提升作业的语言表达质量。

**【案例 53】腾讯 Effidit：集成 AI 技术的智能写作辅助工具**

　　Effidit 是由腾讯 AI Lab（人工智能实验室）推出的一款集成了 AI 技术的智能写作辅助工具，它通过自然语言处理和机器学习算法，提供实时的写作建议、文本校对和风格优化等服务。无论是日常写作、学术研究还是专业文档撰写，Effidit 都能显著提升写作效率和文本质量。

　　例如，进入 Effidit 的工具页面，在左侧文本框中输入相应的文本内容，默认使用的是"智能纠错"模式，系统会自动检测文本中的错别字及拼写错误，并给出修改建议，有效地处理替换、插入和删除等类型的错误，如图 7-3 所示。

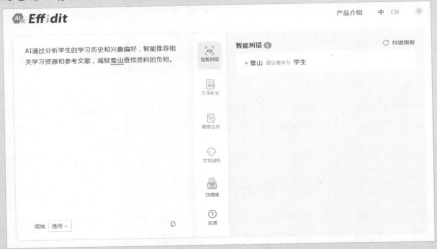

**图 7-3　Effidit 的"智能纠错"模式**

切换至 Effidit 的"篇章生成"模式，输入相应的提示词，单击 按钮，AI 即可生成相应的文章内容，如图 7-4 所示。

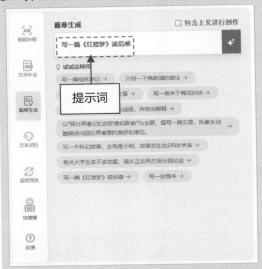
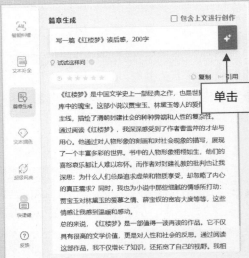

**图 7-4　Effidit 的"篇章生成"模式**

Effidit 融合了知识抽取、文本理解、文本生成、大规模预训练模型、经典语言模型、搜索等多种技术。其中，部分功能模块使用了腾讯混元系列 AI 大模型作为底层预训练模型，这保证了 Effidit 在处理复杂语言任务时的准确性和高效性。

Effidit 通过提供智能纠错、文本补全、文本润色、风格化文本续写、例句推荐、词语推荐、论文搜索和智能摘要等功能，为大学生写作作业提供了全方位的帮助。Effidit 不仅能提升写作效率，还能提高文本质量，并能辅助学术研究与写作。因此，对于大学生来说，Effidit 是一款非常值得推荐的智能创作助手。

高级 AI 系统还能根据输入的主题和要求，生成初步的内容框架或段落，激发学生的创意思维，帮助学生更好地厘清思路。

3. AI 辅助完成学业项目

AI 工具能够协助学生制订项目计划、跟踪进度、分配任务，确保项目按时完成。例如，某大学计算机科学专业的学生在使用 GitHub Copilot 时，能够快速获得代码建议，提高了编程效率，特别是在处理复杂算法时显著缩短了项目完成时间。

### 【案例 54】GitHub Copilot：基于人工智能的课堂教学评测系统

GitHub Copilot 是一款由 GitHub 和 OpenAI 合作开发的 AI 编程辅助工具，它基于 OpenAI Codex 技术，能够显著提高程序员的编码效率和准确性，如图 7-5 所示。

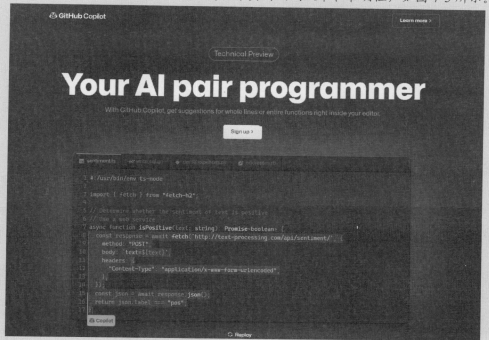

图 7-5　GitHub Copilot AI 编程辅助工具

对于大学生而言，GitHub Copilot 在辅助完成程序开发方面展现出了强大的能力。下面是 GitHub Copilot 的主要功能特点。

❶ 智能代码补全: GitHub Copilot 能够根据开发者输入的代码和注释, 智能地生成符合逻辑和语法的代码片段。这意味着大学生在编写代码时, 只需输入少量的关键字或注释, Copilot 就能提供多个合适的代码建议, 从而大大加快编码速度。

❷ 支持多种编程语言: GitHub Copilot 支持 Python、JavaScript、Java、C++等多种编程语言, 确保无论大学生使用哪种技术栈, 都能得到相应的支持。

❸ 学习支持: 对于不熟悉的新编程语言或框架, GitHub Copilot 能够提供学习支持, 帮助大学生快速掌握新技术。通过生成示例代码和解释, GitHub Copilot 降低了学习新知识的门槛。

❹ 提高代码质量: GitHub Copilot 能够分析代码中的注释、字符串、函数名称等, 生成与当前上下文相匹配的代码, 有助于减少错误和提高代码质量。这对于正在学习编程的大学生来说尤为重要, 因为他们可能还在培养良好的编程习惯和代码规范。

❺ 个性化建议: GitHub Copilot 会根据用户的编码习惯和历史输入, 智能地调整其建议, 使得这些建议更加个性化和精准。这有助于大学生形成自己的编程风格, 并提高编码效率。

在程序开发项目初期, GitHub Copilot 可以根据项目的需求说明或设计文档, 快速生成项目的基本框架和关键代码片段。大学生可以将这些建议作为起点, 进一步完善和扩展项目。

在实现具体功能时, GitHub Copilot 能够提供多种实现方式的代码建议。大学生可以根据自己的需求和偏好选择最合适的方案, 并在此基础上进行修改和完善。在完成代码编写后, GitHub Copilot 还可以帮助大学生进行代码审查和优化。通过分析代码中的潜在问题和改进点, GitHub Copilot 能够提供优化建议, 帮助大学生提升代码质量。

需要注意的是, 虽然 GitHub Copilot 功能强大, 但它并不能完全替代开发人员的思考和决策。大学生在使用时仍需保持谨慎和判断力, 对生成的代码进行仔细审查和测试。

在需要数据分析的项目中, AI 还能够快速处理大量数据, 生成图表和报告, 帮助学生深入理解问题并得出结论。另外, 通过集成协作平台, AI 还能促进团队成员之间的沟通与协作, 提高项目整体效率。

4. 探讨 AI 工具的影响与利弊

AI 提高了学生写作业的效率和质量, 促进了个性化学习的发展; 同时, 通过自动化处理部分任务, 减轻了学生的学业负担, 使他们有更多时间专注于深入思考和创新。然而, 过度依赖 AI 可能会导致学生丧失独立思考和写作能力; 同时, AI 生成的内容准确性和适用性也需进一步验证和完善, 以免误导学生或产生版权问题。

## 7.2.2　利用 AI 生成教学材料和案例

在大学教育中，教师利用 AI 辅助生成教学材料和案例，可以极大地提高教学效率与内容的个性化程度。AI 生成教学材料的主要优势如下。

❶ 快速制作与更新：AI 能够基于海量数据和算法，快速生成教学材料，包括课件、教案、习题等，从而减轻教师的负担，使其有更多时间专注于教学质量的提升。随着学科知识的不断更新，AI 可以快速整合最新研究成果和教学资源，确保教学材料的时效性和前沿性。

### 【案例 55】百度文库：用 AI 帮助大学教师生成 PPT 教学课件

在大学教育领域，教师们常常需要花费大量时间准备教学材料。尤其是制作 PPT 教学课件，这项工作不仅烦琐，而且需要具备一定的设计能力和技术基础。为了提高教师的工作效率，减轻备课负担，让他们有更多时间专注于教学内容本身，百度文库引入了 AI 技术，为教师提供了一键生成 PPT 的便捷服务，如图 7-6 所示。

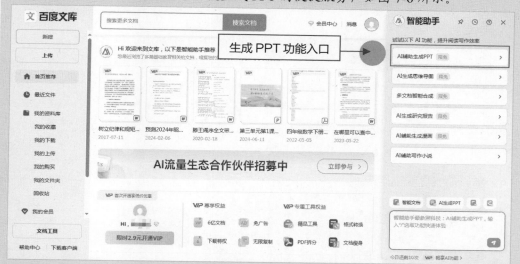

**图 7-6　百度文库中生成的 PPT 功能入口**

AI 生成 PPT 教学课件的优势如下。

❶ 高效快捷：传统的 PPT 制作需要花费大量时间和精力，而百度文库的 AI 生成 PPT 功能则能在短时间内快速完成，大大提高教师的备课效率。教师只需输入关键词、主题或上传相关文档，AI 系统即可自动分析并生成符合要求的 PPT 课件，相关示例如图 7-7 所示。

❷ 内容丰富多样：AI 系统能够自动整合网络上的优质资源，如图片、图表、数

据等，使 PPT 课件内容更加丰富多样，有助于吸引学生的注意力，提升教学效果。

**图 7-7　百度文库生成的 PPT 教学课件示例**

❸ 个性化定制：教师可以根据自己的教学风格和学生的实际需求，对 AI 生成的 PPT 课件进行个性化调整和优化，确保课件的针对性和适用性。

❹ 智能推荐与优化：基于教师的偏好和历史数据，AI 系统能够智能推荐合适的模板和素材，为教师提供更加便捷的制作体验，如图 7-8 所示。同时，AI 系统还能不断优化生成模型，提高 PPT 课件的质量和效率。

**图 7-8　AI 系统智能推荐的模板**

❷ 个性化定制：AI 能够根据学生的学习习惯、兴趣和能力水平，生成个性化的教学材料，实现因材施教，提高学生的学习效果和满意度。

❸ 提升教学质量：AI 生成的教学材料通常具有更高的准确性和规范性，有助于降低人为错误的可能性。

## 7.2.3　利用 AI 智能评估学生作业和项目

在大学中，传统作业和项目评估需要大量的人工时间，尤其是当作业量大、学生多时，教师难以在短时间内完成所有评估工作。

同时，人工评估容易受到教师个人偏见、情绪等因素的影响，导致评估结果存在主观性。再者，不同教师之间可能存在评估标准不一致的现象，导致学生对评估结果产生疑问。另外，学生通常需要等待较长时间，才能获得作业或项目的反馈，这不利于他们及时纠正错误和提高学习效率。

利用 AI 技术自动评估学生的作业和项目，可以提高评估效率，减少人工干预。利用 AI 算法建立统一的评估标准，还可以减少主观性，确保评估结果的公正性和一致性。

AI 评估系统可以为学生提供作业和项目的即时反馈，帮助他们及时纠正错误，提高学习效率。基于学生的学习数据和表现，AI 系统可以为其推荐个性化的学习资源和练习题，促进个性化教学。

### 【案例 56】Turnitin：自动检测学生作业的抄袭情况

Turnitin 是一个学术工具类平台，主要用于侦测和比对潜在的剽窃行为，它通过与全球多个数据库和网页内容的比对，为用户提供文稿的相似度报告，帮助教师和学生确保学术诚信。

Turnitin 的功能特点如下。

❶ 自动检测抄袭：Turnitin 能够自动将学生提交的作业与全球范围内的学术文献、网页内容等数据库进行比对，快速生成相似度报告，相关示例如图 7-9 所示。报告详细列出相似内容的来源、相似度百分比以及句子级别的细分，帮助用户准确识别抄袭部分。

❷ 广泛的数据库资源：Turnitin 与国内外出版社和资源商紧密合作，建立了涵盖自然科学、社会科学、人文科学、管理科学等诸多领域的定制数据库。用户可以通过 Turnitin 的建库功能实现自建专题特色数据库，整合外购、异构数据库等。

❸ 先进的检测技术：Turnitin 使用的算法非常先进，能够检测到各种类型的抄袭行为，包括文字替换、复制粘贴和合作抄袭等。尽管 Turnitin 不能识别非英语语言的文本，但它能够覆盖大部分学术领域的需求。

Turnitin 作为一款强大的学术诚信工具，在大学教育中发挥着重要作用。Turnitin

不仅能够自动检测学生作业的抄袭情况，还能提供详细的相似度报告和句子级别的细分，帮助教师和学生共同维护学术诚信。通过应用 Turnitin，大学可以更加高效地管理学生作业，提升教学质量和学术水平。

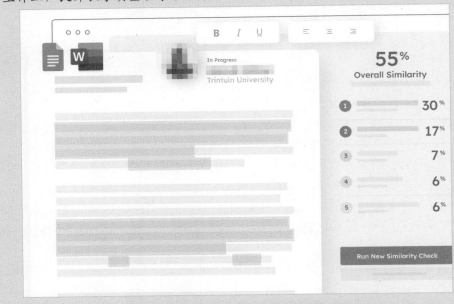

图 7-9　Turnitin 生成的相似度报告示例

## 7.2.4　利用 AI 构建知识图谱与促进学科交叉

在传统的大学教育体系中，学科之间往往存在壁垒，知识点孤立，学生难以形成完整的知识体系，更难以跨学科理解和应用知识。另外，学生个性化学习需求难以得到满足，教学效率和学习效果亟待提升。这些问题成为当前大学教育中的行业痛点。

知识图谱是一种结构化的知识表示方法，通过图形模型表示实体、属性和关系，形成庞大的知识网络。知识图谱能够揭示事物之间的关联和联系，为人工智能和智能应用提供重要支持。利用 AI 技术构建学科领域的知识图谱方法如下。

❶ 数据收集：从教材、学术论文、网络资源等渠道收集学科领域的知识数据。

❷ 知识抽取：利用 NLP 技术从文本、图像等非结构化数据中抽取实体、属性和关系。

❸ 知识表示：将抽取的知识以图的形式表示，建立知识图谱。

❹ 知识存储：使用图数据库（如 Neo4j）管理知识图谱，实现高效查询和更新。Neo4j 是一款图数据库管理系统，采用图形结构存储数据，支持高效的图形查询和图形分析，同时提供可视化的结果展示界面，相关示例如图 7-10 所示。

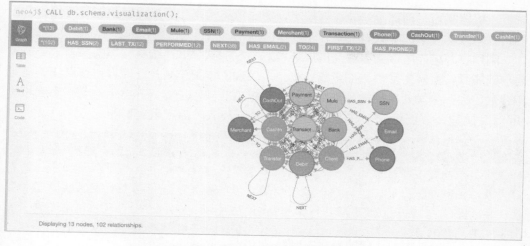

**图 7-10　Neo4j 构建的知识图谱示例**

利用 AI 技术可以实现知识点的关联、推荐与可视化，具体方法如下。

❶ 关联分析：通过知识图谱中的节点和边，分析知识点之间的关联关系。

❷ 智能推荐：基于学生的学习行为和兴趣，推荐相关联的知识点和学习资源。

❸ 可视化展示：通过图形化界面展示知识图谱，帮助学生直观理解知识点之间的联系。

在知识图谱中整合不同学科的知识，可以有效打破学科壁垒。同时，设计跨学科的综合案例，可以让学生在实践中理解知识间的内在联系。利用 AI 构建知识图谱，能够为学生规划跨学科的学习路径，提高学习效率。

## 7.2.5　利用 AI 构建虚拟实验室与模拟环境

在传统大学教育中，实验室和实地环境是实践教学不可或缺的一部分，但它们往往受限于资源有限、成本高昂、时间限制以及安全风险等因素。学生难以频繁地接触到实验设备和真实场景，导致理论与实践脱节，影响学习效果。另外，随着科技的快速发展，新兴领域如人工智能、生物科技、虚拟现实等需要高度专业化的实验条件，进一步加剧了传统实验室的局限性。

虚拟实验室是一种利用计算机技术、人工智能技术、仿真技术和虚拟现实技术构建的数字化实验环境，它能够在计算机上模拟真实实验室中的设备、仪器和实验过程，使学生能够在虚拟环境中进行实验操作和学习。模拟环境是指通过软件或硬件技术创建的、用于模拟现实世界某种场景或过程的虚拟空间。在大学教育中，模拟环境常用于训练学生的技能、验证理论或进行探索性研究。

人工智能技术在构建虚拟实验室与模拟环境中发挥着关键作用，它可以通过数据分析、机器学习、自然语言处理等技术，使虚拟实验室和模拟环境更加智能化、个性化，强化教学效果和学习体验。

利用 AI 构建虚拟实验室与模拟环境，不仅能够突破传统实验室资源有限、成本高昂的瓶颈，为学生提供更加丰富、安全、便捷的学习体验，还能通过智能化的指导和评估，提升教学效果和学习效率。另外，虚拟实验室还能培养学生的创新思维和解决问题的能力，为培养适应未来社会需求的高素质人才奠定坚实基础。

## 【案例 57】华中农业大学："有教灵境"智慧实验室实验教学管理系统

在高等教育不断追求高质量、高效率与高度个性化的今天，华中农业大学凭借其前瞻性的视野与深厚的技术积淀，成功打造出"有教灵境"智慧实验室实验教学管理系统，如图 7-11 所示，成为教育行业智能化转型的典范。"有教灵境"系统不仅深度融合了虚拟仿真技术、人工智能算法与智慧化管理理念，还极大地丰富了教学手段，提升了教学质量，为培养新时代创新型人才开辟了新路径。

"有教灵境"系统通过集成虚拟仿真实验教学模块，使学生能够在虚拟环境中进行复杂实验的模拟操作，既降低了实验成本，又提高了实验安全性。同时，智慧实验教学与实习教学的融入，使得学习过程更加灵活多样，有助于学生根据自身需求进行个性化学习，从而增强学习的主动性和趣味性。

图 7-11　"有教灵境"智慧实验室实验教学管理系统整体设计示意图

"有教灵境"系统的另一大亮点，在于其强大的实时互动与差异化教学能力。教师能够轻松地将示教台画面及课件资料推送至大屏及学生交互终端，确保每位学生都能清晰观看示教全过程，避免了传统教学中"围观"现象导致的视野受限问题。

更重要的是，"有教灵境"系统允许教师实时查看各实验台的实验画面，精准掌握每位学生的实操水平，从而提供更具针对性的指导。通过对比教学功能，教师还能选取不同学生的实验成果进行对比展示，激发学生的竞争意识与合作精神。

"有教灵境"系统还具备实验教学全过程自动录制并上传平台的功能，这不仅能实现实验教学的全程回溯，也能为专业课程资源的积累与共享提供宝贵资料。学生和教师都可以随时回看教学视频，查漏补缺，深化理解。

另外，"有教灵境"系统还通过 AI 智能统计分析，对师生实验课堂教学活动行为进行数据采集与分析，生成课堂教学大数据报告，为教研评课提供科学、可视化的数据支撑，有助于教师不断优化教学策略，提升教学质量。

## 7.2.6　利用 AI 辅助教师进行教学研究

鉴于人工智能技术的迅猛发展及其在教育领域的快速渗透，大学教师需树立持续学习、终身成长的观念，紧跟技术前沿，确保传授给学生的不仅是新颖的思想、精准的信息，更是学科领域的前沿知识。

通过系统性学习，教师能够深入洞察 AIGC 的核心概念与实用工具，为教学实践奠定坚实的理论基础与实践技能。这不仅要求教师掌握 AIGC 的基本原理及其在教育领域的广泛应用，还需熟稔其提问策略与技巧，以增强教学互动性，提升学生的课堂参与度。

在备课阶段，AI 助力教师精准优化教学设计，使教学内容更贴近学生实际需求；授课时，AI 工具能够让课堂变得生动有趣，有效激发学生的探索欲与学习兴趣；而在评价环节，AI 的引入则确保了教学评价的客观性与公正性，为学生的成长提供精准反馈与有力支撑。

另外，AI 在办公与教研领域的广泛应用也为教师带来了便利。AI 赋能办公，让烦琐的日常事务处理变得高效快捷；而在教研方面，AI 则成为探索新领域、深化教学研究的得力助手，助力教师科研水平再上新台阶。

例如，教师可以借助大数据分析工具（如 SPSS、Python Pandas 等），分析学生学习行为数据，揭示学习规律，指导教学改进。同时，教师还可以利用 AI 辅助撰写论文、管理研究资料等。

### 【案例 58】笔灵 AI 论文写作：提升教学论文写作效率与质量的利器

笔灵 AI 论文写作是一个基于人工智能技术的专业论文写作服务平台，致力于帮助用户简化论文写作流程、提供专业辅助。笔灵 AI 论文写作平台面向 700 + 学科专业，覆盖了从文学、历史到工程、科学等多个领域。

笔灵 AI 论文写作平台通过其强大的 AI 技术，能够一键解决用户在论文写作中遇到的各种难题，成为学术写作路上的强大助力。该平台的基本功能如图 7-12 所示。

用户只需输入相关论文题目，笔灵 AI 论文写作平台即可快速生成详尽且结构清晰的论文大纲，帮助用户有效规划文章结构，相关示例如图 7-13 所示。此外，用户还可以在线编辑大纲，随时删减或增加章节。

**图 7-12　笔灵 AI 论文写作平台的基本功能**

**图 7-13　期刊论文的大纲示例**

无论是学习早期的课题论文、学术研究的开题报告，还是毕业论文等重要里程碑，笔灵 AI 论文写作平台都能提供专业的写作指导和辅助，使用户轻松应对各种类型的论文挑战。

笔灵 AI 论文写作平台能在短时间内提供完备的论文内容，包括摘要、正文、参考文献等部分，大大提高写作效率。用户可以根据需要自行修改和调整生成的论文内容，以确保论文的质量和合规性。

大学教师在进行教学研究时，往往需要撰写大量的学术论文和报告。笔灵 AI 论文写作平台的高效生成功能可以大大缩短写作时间，使教师能够将更多精力投入研究和创新中。

高校作为知识创新的摇篮，更应积极探索现代科技与传统教育的深度融合之路，致力于培养学生的创新思维与综合素养。引入人工智能技术，能够实现教学的个性化与精准化，有助于教师针对不同学生的特点与需求实施差异化的教学策略。同时，AI 还为教学评价提供了科学、客观的标准，有助于教师全面把握学生的学习状态，为学生的全面发展保驾护航。

# 第 8 章

## 教育大模型应用落地：
## AI 智能体助力学习

在这个数字化、智能化的新时代，教育大模型作为教育领域的创新力量，正逐步渗透到学习的每一个角落，为学生带来个性化、高效且富有乐趣的学习体验。本章将详细阐述教育大模型如何赋能 AI 智能体，使其在教育领域发挥更大作用，提升教育质量，引领未来学习的新风尚。

# 8.1 教育大模型如何重塑行业格局

教育大模型是指适用于教育场景、具有超大规模参数、融合通用知识和专业知识训练形成的人工智能模型，旨在推动人类学习和机器学习的双向建构，促进教育数字化转型和智能化升级。

本节将深入剖析科大讯飞、百度、松鼠 Ai 等企业的教育大模型构建与应用实践，探索它们如何以技术创新为驱动，引领教育智能化新风尚，共同绘制未来教育的宏伟蓝图。

## 8.1.1 科大讯飞：讯飞星火大模型

讯飞星火大模型是科大讯飞推出的一款具有重要影响力的 AI 产品，它在教育领域的应用尤为突出。讯飞星火大模型具备 7 大核心能力，包括多模生成、代码生产、内容创作、数学能力、语言理解、知识问答和逻辑推理，如图 8-1 所示。

**图 8-1 讯飞星火大模型的 7 大核心能力**

讯飞星火大模型的多模态能力是其核心竞争力之一，能够生成音频、视频、AI虚拟人等内容；在逻辑推理方面，讯飞星火大模型能够像人类一样进行复杂的思维推理，解决复杂问题；在数学领域，讯飞星火大模型升级了数学能力，涵盖了计算、代数、几何、解方程等多个方面，并能自动提炼解题规律，助力学生掌握数学本质；在知识问答和内容创作上，讯飞星火大模型能够准确回答各类问题，生成流畅自然的文本内容；讯飞星火大模型还具备一定的代码生产能力，能够辅助编程学习；而讯飞星火大模型卓越的语言理解能力，则使得它能在多种语言环境中游刃有余。

在教育领域，讯飞星火大模型实现了从课堂走向应用的转变，深入教育教学和管理全过程、全环节，助力培养具备数字素养的教师。在教育应用方面，讯飞星火大模型的复杂指令、复杂推理、空间推理、多模态理解等能力的提升，使其在第三方中高考评测中表现卓越。

科大讯飞教育系列智能硬件也因星火大模型底座能力的提升而得到全面升级。例如，讯飞 AI 学习机在语义理解、多轮交互、图文能力等方面有显著提升，能够实现超拟人答疑辅导，以及启发互动式的"AI 1 对 1"教学模式。AI 答疑辅导试点数据显示，学生使用该学习机后，学习成功率和错题解决率均有显著提升。

## 【案例 59】科大讯飞 AI 学习机：给学生的自主学习提供 AI 辅导

科大讯飞 AI 学习机以其创新科技，为小学至高中的学生及家长提供更好的服务，不仅重新定义了自主学习的边界，还针对预习、复习、备考、作业辅导等多个学习环节提供了个性化、精准化的辅导方案，有效解决了学生学业进步缓慢、良好习惯难以形成，以及家长辅导压力大的难题。

作为讯飞星火大模型的重要载体，讯飞 AI 学习机将 AI 技术深度融入学习过程。图 8-2 所示为科大讯飞 AI 学习机 T20 Pro，这是一款功能强大、资源丰富、操作简便的学习设备，能够为学生提供个性化的学习辅导和全面的教育资源。

图 8-2　科大讯飞 AI 学习机 T20 Pro

自 2017 年科大讯飞荣获首批新一代人工智能开放创新平台称号以来，其 AI 学习机持续深耕教育领域，不断融合最新 AI 技术，为学生量身定制学习路径，主要体现在以下几个方面。

❶ 区域化 AI 同步精准教学：无论学生身处何地，科大讯飞 AI 学习机都能依据当地考情，实现小初高全学段的 AI 同步教学。通过覆盖单元、章节、备考的全场景学习，结合 AI 与大数据分析，学生只需少量练习，即可快速定位知识薄弱点。同时，科大讯飞 AI 学习机还可以生成个性化知识图谱，让学习更加有的放矢，提升效果显著。

❷ 启蒙益智阶段的精准启蒙：针对 3~8 岁儿童的早期教育，科大讯飞特别推出了原创瑞恩熊 AI 英语、Raz-Kids 分级阅读及熊小球语文启蒙 3 大板块。瑞恩熊 AI 英语以故事为引，结合自然拼读法，让孩子在趣味中提升英语口语；Raz-Kids 提供千余本原版绘本，结合 AI 口语评测，全面提升孩子的英语阅读与口语能力；熊小球则以趣味旅行为主线，教授汉字拼音、诗词国学，让语文学习充满乐趣。

❸ 8~12 岁自主学习的强力支持：在这一成长阶段，科大讯飞 AI 学习机聚焦于语文阅读写作与数学思维的培养，通过系统化的阅读技巧教学和作文批改服务，可以逐步提升学生的阅读理解和写作能力。同时，数学思维训练板块涵盖了多种计算类型及奥数思维课程，辅以"学—练—测"三步走策略，帮助学生攻克数学难题。

❹ 12~18 岁学业提升的得力助手：面对高中学业的挑战，科大讯飞 AI 学习机提供了 AI 精准备考和 AI 全科错题本两大功能。前者能够精准分析区域考情，智能筛选考试重难点，配合海量题库和本地精品密卷，助力学生高效备考；后者则通过一键收录错题，智能整理并提供变式训练，帮助学生巩固知识，实现举一反三。

另外，科大讯飞还推出了星火智能批阅机，如图 8-3 所示，集成了智能批改、学情分析、个性作业等功能，支持多学科、多题型的智能批改，并能即时生成多维学情报告，为教师提供有效的教学支持。

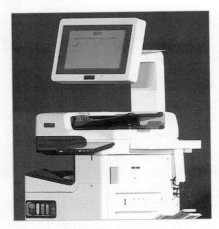

图 8-3　星火智能批阅机

科大讯飞携手中国教育科学研究院与华为，基于讯飞星火大模型的卓越能力，强强联合推进智能教师体系的建设，打造教师专属的 AI 助手，通过课时智能生成、优化情景活动、融入多模态资源检索等手段，提升教学设计效率和资源检索便捷度。同时，科大讯飞还与科普中国合作研发科普大模型，提升科普智慧化水平，赋能中小学科普学习。

在高等教育领域，星火科研助手则为科研人员提供了强大的文献信息挖掘和分析工具，有效节省了科研人员在文献检索、整理和研究方面的时间。讯飞星火大模型在教育领域的应用，不仅推动了教育技术的发展，也为教师及学生提供了更加高效、个性化的教学和学习工具，预示着教育领域智能化发展的广阔前景。

## 8.1.2　百度：小度灵机大模型

小度灵机大模型是百度小度科技在人工智能领域的一项核心技术，它基于深度学习和海量数据训练而成，并集成了百度文心大模型的所有能力，具备高表达能力和理解能力。小度灵机大模型使得搭载它的设备能够更好地理解用户需求，提供更为精准和个性化的服务。

小度灵机大模型的功能主要包括但不限于以下几个方面。

❶ 自然语言处理：能够准确理解和分析用户的自然语言输入，实现流畅的交互体验。

❷ 个性化推荐：根据用户的行为和偏好，提供个性化的内容和服务推荐。

❸ 知识问答：基于海量知识库，回答用户提出的各种问题。

❹ 智能辅导：在教育领域，能够根据学生的学习情况，提供个性化的学习建议和辅导。

目前，多个百度小度科技的产品已经搭载了小度灵机大模型，具体如下。

❶ 小度添添家庭机器人：该产品在 2023 年的百度世界大会上发布，集成了多元化的功能，如健身、娱乐、教育等，并基于百度文心大模型技术，具备强大的自然语言处理和交互能力。

❷ 小度学习平板 Z20 Plus：采用了先进的小度灵机大模型技术，能够根据孩子的学习情况和学科特点进行智能推荐与个性化辅导，如图 8-4 所示。

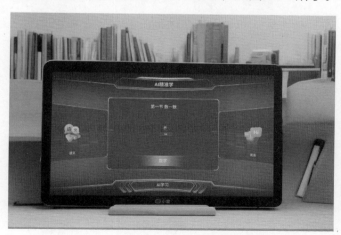

图 8-4　小度学习平板 Z20 Plus

❸ 小度青禾手机：针对青少年群体推出的智能学习手机，内置了小度灵机大模型，提供专门的"智学"和"畅听"模式。

【案例60】小度青禾：集学习和管控功能于一体的智能手机

在当前智能手机市场竞争激烈、教育智能硬件需求日益增长的背景下，小度青禾凭借其独特的学习功能和家长管控模式，成功切入青少年市场，成为一款备受关注的智能学习手机，如图8-5所示。

图 8-5　小度青禾智能学习手机

小度青禾的产品特色与功能如下。

❶ 百度文心 AI 学习助手：小度青禾内置百度文心 AI 学习助手，覆盖小学到高中的教材内容，并实时更新，与学校教学进度同步。这一功能使得学生在家也能进行同步学习，提高学习效率。

❷ AI 讲题与精准学：小度青禾集成了百度文心大模型，AI 讲题教师能够为学生讲解难题，并通过互动启发式的讲题方式，帮助学生掌握解题思路。同时，小度青禾还具备 AI 精准学功能，通过测、学、练三步，有针对性地提升学生的学习薄弱项。

❸ 丰富学习资源：除了教材内容外，小度青禾还提供了国学经典、英语听力等多种学习资源，满足学生多样化的学习需求。

❹ 应用与使用时间管理：家长可以通过手机远程控制孩子的学习手机使用情况，包括设置使用应用、时长、禁用时段等，防止孩子沉迷手机。

❺ 通话白名单：家长可将自己的电话设置为白名单，仅允许白名单上的电话呼入，有效拦截陌生人电话，保障孩子的通信安全。

❻ 实时定位功能：小度青禾具备实时精准定位功能，家长可以随时查看孩子的

位置，确保孩子的安全。

❼ 优视蓝技术：小度青禾采用专利的优视蓝技术，主动过滤有害蓝光，减轻视网膜负担，保护学生的眼睛健康。

小度青禾作为一款专为青少年群体设计的智能学习设备，成功地将学习功能与家长管控模式相结合，为学生和家长提供了一个安全、高效、便捷的 AI 学习平台。

❹ 小度学习机 Z30：基于文心大模型的学习机，重新定义了"AI 教师"的能力边界，为孩子提供全面、有效、个性化的学习辅导。

小度灵机作为小度专为智能设备领域精心构建的人工智能模型，预示着其未来将在小度全系列产品中深度应用与融合。小度灵机大模型在教育行业的应用，不仅实现了全场景、互动式、个性化的教学，让学生的学习更有效率、更有效果，同时也为教育行业的数字化转型和升级提供了有力支持。

**专家提醒**

在当前科技与教育深度融合的背景下，自建大模型已成为教育硬件企业的标配。这一趋势不仅反映了教育行业对技术创新的高度追求，也体现了 AI 技术在教育领域应用的不断深化。

通过大模型的支持，企业能够为学生提供更加个性化、高效且富有乐趣的学习体验，同时提升产品竞争力和市场占有率。然而，在享受机遇的同时，企业也需要积极应对挑战，不断提升技术实力和服务水平。

## 8.1.3 松鼠 Ai：LAM（智适应大模型）

松鼠 Ai 的 LAM 是其在教育领域的一项重要创新。该模型通过结合多模态大模型的能力，实现了教育技术的深度应用，旨在通过人工智能技术打造更为高效、人性化的学习环境。

在全球大模型技术竞争日益激烈的背景下，松鼠 Ai 独树一帜，深耕教育垂直领域，将教育学、心理学与认知科学的精髓融入 LAM 之中，加速未来学习革命和教育普惠的到来。

1. 核心优势

LAM 的独特之处在于其三大核心优势，具体如下。

❶ 通过深度挖掘并分析超过 100 亿条学习行为数据，以及整合海量的语音、图像、视频和手写板等多模态教育数据资源，LAM 实现了对教育场景和学生学习过程的深刻理解。这种深度的数据驱动能力，使得 LAM 能够提供更加精准、高效的教学互动体验，为每一位学生量身定制学习方案。

❷ LAM 具备强大的学生画像构建能力，它不仅能够全面记录学生的学习历程，还能通过复杂的算法来分析学生的学习能力和学习习惯，动态生成个性化的用户画像。基于这些用户画像，LAM 能够智能推荐最适合学生的学习路径和内容，确保每位学生都能在最适合自己的节奏下成长。

❸ LAM 融合了多维度 AI 智能体技术，实现了对学生的需求、特征、行为和反馈的即时响应与动态调整。这种智能化的输出策略，不仅能够根据学生的学习状态实时调整教学内容和形式，还能通过情感计算等先进技术，增强学生的学习体验，激发他们的学习兴趣，从而显著提升学习效率。

LAM 已搭载在松鼠 Ai 的多款学习机产品中，并覆盖学龄前教育、科学学科教育以及跨学科基础能力培养等多个领域，为学生提供个性化的学习体验。图 8-6 所示为搭载 LAM 的智能学习机。

图 8-6　搭载 LAM 的智能学习机

2. 技术特点

❶ 多模态能力：LAM 能够处理文本、图像、音频、视频等多种媒体数据，突破传统大语言模型的局限性。

❷ 个性化学习：基于学生的学习历史数据，LAM 能够精准识别学生的错误原因和情绪变化，提供有针对性的学习建议和互动反馈。

❸ 高效评估：在主观题评分上，LAM 能够精准给出分数并详细解析扣分点，助力学生自我提升。

3．基本架构

LAM 大模型主要分为数据层、模型层、应用层三层，基本架构如下。

❶ 数据层：包括全学科纳米级知识图谱、海量学习资料、视频讲解以及测评和题库等。

❷ 模型层：结合大模型的 KG（Knowledge Graph，知识图谱）和 RAG（和 Retrieval Augmented Generation，检索增强生成）技术，以及 MoE（Mixture of Experts，混合专家）系统，提升预测性能和降低推理成本。

❸ 应用层：覆盖学习推荐、学习兴趣启发、习惯培养、情感干预、学习路径规划等多个场景。

值得一提的是，松鼠 Ai 能够打造出如此强大的 LAM 大模型，离不开其长期积累的海量教育资源与数据支持。截至 2023 年底，松鼠 Ai 已拥有超过 2400 万学生的 100 亿条学习行为全流程数据，这些数据如同宝贵的"养料"，为 LAM 的模型训练与优化提供了坚实的基础。

同时，松鼠 Ai 还构建了独有的知识图谱和 MCM（学习的思想、能力、方法）图谱，覆盖了测评、预习、学习、复习、备考、作业辅导等教学全场景，旨在为学生提供全方位、一站式的智能学习服务。

专家提醒

　　MCM 是指 Mode of Thinking（思维方式）、Capacity（能力）、Methodology（方法论），在松鼠 Ai 的语境中，特指一种独特的学习分析方法，它专注于对学习的思想、能力和方法进行拆分与解析。

展望未来，松鼠 Ai 计划进一步加速其线下智能学习机门店的业务布局，将 LAM 大模型的智能教育服务延伸至更广泛的地区和学生群体之中。这一举措不仅能极大地提升松鼠 Ai 的品牌影响力和市场占有率，还将为更多学生带来前所未有的智能学习体验，推动中国教育事业的持续进步与发展。

## 【案例 61】松鼠 Ai V11 Plus：借助 LAM 让学习机变身为 AI 智能教师

松鼠 Ai 推出的 V11 Plus 学习机，借助其全学科智适应教育大模型实现了从学习机时代到"AI 智能教师"时代的跨越性发展。V11 Plus 学习机搭载了 LAM，实现了对学生解题过程的深度解析，如图 8-7 所示。

LAM 的基本功能如下。

❶ 智能错因分析与追根溯源：利用多模态信息，深度解析学生解题过程的每一步，精准定位错误原因。

❷ 智能人机互动：高精度识别学生情绪变化，即时给予针对性反馈，并通过文字与语音互动覆盖多种场景。

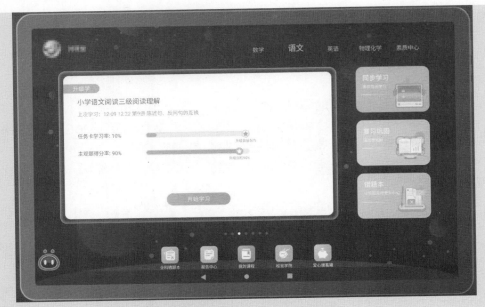

**图 8-7　松鼠 Ai V11 Plus 学习机**

❸ 智能测试与评估：在主观题评分上实现精准评估，并详细解析扣分点。

在测试与评估方面，V11 Plus 学习机同样展现出了强大的能力。LAM 大模型能够精准地给出主观题的分数，并详细解析扣分点，帮助学生精准自我提升。同时，学习机还提供了学期测评与章节测评等功能，以全面评估学生的学习情况，为教学提供有力支持。

通过 LAM 大模型的赋能，V11 Plus 学习机已经不仅仅是一款简单的学习工具，而是一个具有"眼睛""耳朵"和"嘴巴"的超级 AI 智能教师，它能够像真人教师一样，深入了解学生的学习需求和困惑，提供个性化的学习指导和支持。

# 8.1.4　阿里巴巴："智海-三乐"教育大模型

"智海-三乐"是由浙江大学联合高等教育出版社、阿里云和华院计算等单位共同研制的教育大模型，取名于孟子所言"天下英才而教育之，三乐也"，寓意重视教育是亘古不变的话题。

"智海-三乐"以阿里云通义千问 70 亿参数通用模型为基座，通过继续预训练和微调等技术手段，打造专注于人工智能专业领域教育的大模型。

"智海-三乐"基于核心教材、领域论文和学位论文等教科书级高质量语料和专业指令数据集进行预训练和微调，集成了搜索引擎、计算引擎和本地知识库等功能，以进一步提升模型的性能和使用体验。

"智海-三乐"教育大模型的应用场景与功能如下。

❶ 智能问答：能够回答用户关于教育领域的各种问题。

❷ 试题生成：能够根据教学需求生成各种类型和难度的试题。

❸ 学习导航：为学生提供个性化的学习路径和资源推荐，帮助他们更好地掌握知识。

❹ 教学评估：能够评估学生的学习情况，为教师提供反馈和建议，帮助改进教学效果。

目前，"智海-三乐"教育大模型已通过阿里云灵积平台（DashScope）对外提供 API（应用程序编程接口）服务，相关示例如图 8-8 所示。开发者可以通过阿里云灵积平台调用模型，实现各种教育应用。

**图8-8 通过阿里云灵积平台调用"智海-三乐"教育大模型的相关示例**

开发者可以通过阿里云灵积平台的统一 SDK（软件开发工具包）接口接入"智海-三乐"教育大模型，获取云上高效推理能力。

总的来说，"智海-三乐"教育大模型是阿里巴巴在人工智能教育领域的一项重要成果，具有广泛的应用前景和重要的社会意义。随着大模型产品化时代的来临，"智海-三乐"教育大模型将依托灵积平台强大的微调训练能力及丰富的插件框架，不断拓展其应用场景与效果，为教育行业的智能化转型贡献力量。

## 8.1.5 网易有道："子曰"大模型

"子曰"大模型是网易有道公司发布的教育领域垂直大模型，该模型自发布以来在教育领域展现了广泛的应用前景和技术实力。"子曰"大模型从一开始就定位为"场景为先"的教育垂直大模型，旨在通过技术创新助力教育创新，实现因材施教的教育理想。

1. "子曰"大模型的创新应用

"子曰"大模型拥有多项创新应用，包括但不限于以下几项。

❶ LLM（Large Language Model，大语言模型）翻译：基于大模型的翻译功能，提供准确、自然的 AI 翻译体验，相关示例如图 8-9 所示。

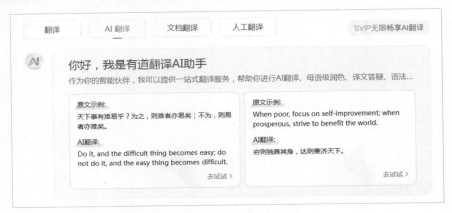

**图 8-9 AI 翻译的相关示例**

❷ 虚拟人口语教练（如 Hi Echo）：提供生动的英语口语练习体验，支持多语种流式低延迟语音识别技术，具备实时反馈和润色功能，帮助学生解决英语口语学习中的难题。

❸ AI 作文指导：不仅具备作文批改功能，还能提供作文指导，帮助学生确定题目主旨、丰富写作素材、提升写作能力。

❹ 语法精讲：为学生提供有针对性的解题思路和方法，推荐同类型考题，帮助学生触类旁通。

❺ AI Box：提供多种教育场景下的智能辅助工具，满足学生的多样化需求。

❻ 文档问答：支持对文档内容的快速问答，帮助学生迅速理解文档内容。

2. "子曰"大模型的技术特点与优势

❶ 个性化分析与指导："子曰"大模型能为学生提供个性化的学习分析和指

导，满足学生的个性化需求。

❷ 引导式学习：通过提出问题并引导学生自行探索答案，培养学生的自主学习能力。

❸ 全科知识整合能力：连接多模态知识库，跨学科整合知识内容，随时满足学生的动态需求。

❹ 技术赋能：依托网易有道在智能学习领域的深耕和技术积累，实现技术与教育的深度融合。

另外，网易有道还发布了基于"子曰"大模型 2.0 版本研发的三大创新应用及一款智能硬件新品，包括 AI 家庭教师"小 P 老师"、有道速读、虚拟人口语私教 Hi Echo 2.0 以及有道 AI 学习机 X20，进一步拓展了其在教育领域的应用范围。图 8-10 所示为有道 AI 学习机 X20，搭载了"子曰"大模型的最新教育应用，包括 "小 P 老师"和 Hi Echo 虚拟人等。

**图 8-10　有道 AI 学习机 X20 搭载的 Hi Echo 虚拟人**

"子曰"大模型自发布以来受到了广泛的关注和好评，其创新的应用场景和强大的技术实力为教育行业带来了新的可能和变革。同时，网易有道还通过不断的技术迭代和产品创新，持续提升"子曰"大模型的性能和应用效果，旨在为用户提供更加优质、个性化的教育服务。

**【案例 62】有道词典笔 X6 Pro：基于 AI 教育大模型的个性化辅导**

网易有道发布的有道词典笔 X6 Pro，是"子曰"教育大模型在硬件上的首个落地成果。有道词典笔 X6 Pro 不仅是一款翻译工具，更是一款能够提供个性化辅导的学习神器，该产品的功能特点如下。

❶ 个性化辅导：通过"子曰"大模型，有道词典笔 X6 Pro 能够为学生提供个性化的学习分析和指导。"子曰"大模型能够连接多模态知识库，跨学科整合知识内容，随时满足学生的动态需求。

❷ 全科学习：有道词典笔 X6 Pro 内置 2 万节知识点视频课程和 2.8 万条知识点笔记，支持全学科问答，能够帮助学生自主预习、复习并掌握各科考点。

❸ 有问必答：学生可以随时随地向有道词典笔 X6 Pro 提问，"AI 教师"会有针对性地解决疑难问题，相关示例如图 8-11 所示。

❹ 语法精讲：对于复杂的长难句，有道词典笔 X6 Pro 能进行 AI 语法精讲，从句意讲解到句子结构分析，还有考点复习和真题推送。

❺ AI 虚拟人口语教练：有道词典笔 X6 Pro 能够像真人老师一样循循善诱，进行启发式对话引导，实时反馈并给出发音、语法等维度的建议。

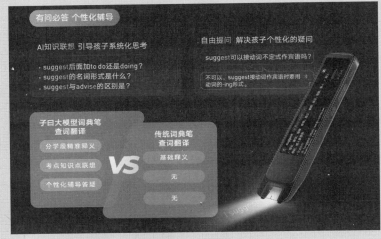

图 8-11　有道词典笔 X6 Pro 的有问必答功能示例

❻ 丰富的词库与正版内容：有道词典笔 X6 Pro 内置 7200 万 + 权威正版词库，包括《牛津高阶英汉双解词典（第 9 版）》等 30 多本权威字典和工具书，覆盖 40 多个行业领域。除了《新华字典》和人教社教材等正版版权外，有道词典笔 X6 Pro 还首次引进了经典教辅品牌"5·3"，包含中高考同源试题及解析内容。

❼ 卓越的硬件性能：有道词典笔 X6 Pro 配置定制的专用芯片，实现一次充电超长待机 100 天；并搭载网易自主研发的神经网络翻译和光学字符识别等 AI 技术，划词识别准确率达 99% 以上。

有道词典笔 X6 Pro 作为"子曰"大模型在硬件上的首个落地成果，展现了网易有道在教育科技领域的创新实力和技术积累。通过个性化辅导、全科学习、AI 互动等功能，该产品为学生提供了全方位的学习支持，是现代教育科技与传统教育深度融合的典范。

## 8.1.6　好未来：九章大模型（MathGPT）

　　九章大模型（原名学而思数学大模型），作为好未来匠心独运的杰作，是首个专注于数学领域的综合性大模型，为全球用户及科研机构提供精准、高效的解题与讲题算法服务。"九章"灵感源自中国古代璀璨的数学瑰宝《九章算术》，这一命名不仅承载着深厚的文化底蕴，更象征着智慧之光与不懈探索的精神内涵。

　　九章大模型广泛应用于 AI 对话学、答疑、辅导助手、百科问答、智能规划、语音助手及作文助手等多个领域，实现了学习场景的全覆盖。学生只需轻轻一拍或自由问答，即可享受与 AI 的亲密互动，快速定位学习薄弱点，实现高效提升。

　　好未来将九章大模型的 AI 能力深度融入学而思学习机中，提供了一系列创新 AI 交互学习方式，如 AI 对话学、AI 口算批改、AI 讲题助手、中英文写作助手、指尖翻译、百科问答等，为学生打造了专业、极致的学习体验，如图 8-12 所示。其中，AI 对话学通过智能多轮对话，实现了学习精准度的飞跃，不仅提升了准确率，更在个性化教学上迈出了坚实的一步。

图 8-12　搭载九章大模型的学而思学习机

　　九章大模型的四大核心功能——数学自动解题、复杂应用题批改、语文英语作文批改、个性化 AI 分步骤讲题，全方位满足了学生的学习需求。九章大模型强大的生成与理解能力，能够精准解决学生个性化问题，并通过内置优质教学资源，实现知识的融会贯通与广泛普及。

九章大模型针对现有大语言模型的不足，进行了专项优化，它确保了题目解答的正确性、步骤的稳定性与清晰度，并提升了讲解的趣味性与个性化，让学习变得更加生动有趣。

作为教育领域的垂直大模型，九章大模型专注于教育和学习场景下 AI 能力的训练与优化。九章大模型历经严格的数据训练与监督微调，依托优质教育数据，不断优化题目计算、讲解、问答等核心功能。同时，九章大模型构建了全面的内容审核体系，旨在确保解题步骤的专业性与清晰度，为学生带来权威、易懂的学习体验。

在模型调试过程中，好未来依托 20 年的教研教学数据与用户反馈，不断精进模型性能。特别是在 AI 讲题方面，团队根据各年龄段孩子的特点，精心调试机器讲题思路，确保教学效果的最优化。

好未来致力于将九章大模型在数学教育领域的优势发挥到极致，将基于大规模、高质量内容的千亿级大模型研发经验与行业共享，携手推动教育智能化的共同进步与发展。

## 【案例 63】 "九章随时问"：学而思引领数学互动答疑新风尚

学而思推出了基于九章大模型的智慧教育产品——"九章随时问"，这是一款免费开放的数学搜索答疑工具，彻底颠覆了传统拍搜工具仅提供答案的单一模式。"九章随时问"依托先进的生成式人工智能技术，不仅能解答问题，更致力于成为学生解题思维的引导者和学习能力的提升者。

"九章随时问"的核心在于启发与引导，通过模拟真实教学场景中的对话交流，帮助学生逐步构建解题逻辑，而非简单地呈现答案。为了更好地适应学生的个性化学习需求，"九章随时问"创新性地提供了"小思老师"与"小智老师"两种讲解模式，如图 8-13 所示。

"小思老师"会通过对话式引导，逐步启发学生的解题思路，实现有针对性的个性化讲解，相关示例如图 8-14 所示；"小智老师"则专注于解题关键步骤的拆解与解析，为遇到难题的学生提供高效解惑方案，相关示例如图 8-15 所示。"九章随时问"采用这种双轨并行的设计，以确保每位学生都能找到最适合自己的学习路径。

"九章随时问"在用户体验上追求简洁高效，用户只需通过小程序拍照上传题目，即可快速进入讲解环节。高识别度的 OCR（光学字符识别）技术确保了题目的精准识别，而流式返回的大模型输出则为用户带来了沉浸式的学习体验。特别是对于低年龄段的学生，该产品还贴心地加入了语音播报功能，让学习过程更加直观、便捷。

AI 技术的快速发展为因材施教这一教育理想提供了实现的可能。通过大模型技术的应用，"九章随时问"能够为学生提供个性化的教学内容和答疑辅导，真正实现个性化的 AI 教学。这不仅能降低学生获取优质教育资源的门槛和成本，还能极大地提升教学内容的精细化程度，让每个孩子都能享受到最适合自己的教育服务。

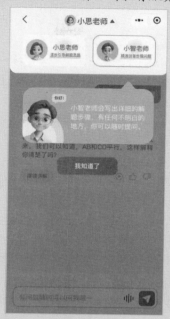

图 8-13 "小思老师"与"小智老师"两种讲解模式

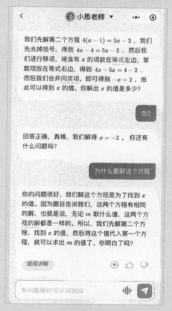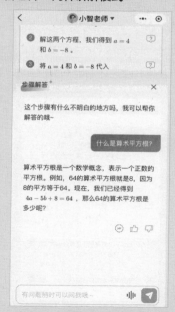

图 8-14 "小思老师"的答题示例 图 8-15 "小智老师"的答题示例

**专家提醒**

流式返回的大模型输出是指在大模型（如深度学习模型，特别是自然语言处理中的大型语言模型）生成内容时，不是一次性地将全部结果输出，而是逐步、连续地生成并返回输出内容。这种方式类似于人类在进行口语交流或写作时的思考过程，即边思考边表达。

## 8.1.7　作业帮：银河大模型（Galaxy）

2023 年 9 月 2 日，作业帮推出了其自主研发的银河大模型，这是一款专为教育领域精心设计的大语言模型，融合了作业帮多年来在 AI 算法与教育数据领域的深厚积累。

银河大模型跨越多学科、学段及学习场景，旨在为学生提供全方位、个性化的学习支持。银河大模型将广泛应用于作业帮 App、智能硬件、智能图书及教育数字化等多个业务场景，持续推动教育技术的革新。

随着银河大模型的正式发布，其在 C-Eval 与 CMMLU 两大权威评测中的卓越表现也同步揭晓。在 C-Eval 评测中，银河大模型以 73.7 分的平均分拔得头筹，如图 8-16 所示；而在 CMMLU 的 Five-shot 与 Zero-shot 测试中，更是分别以74.03 分与 73.85 分的平均分位列榜首，成为首个在这两大权威榜单上均取得第一的教育大模型，彰显了其强大的综合能力。

图 8-16　银河大模型在 C-Eval 评测中的部分得分情况

**专家提醒**

　　C-Eval 评测集由清华大学、上海交通大学及爱丁堡大学联合构建，覆盖了 52 个学科、4 个难度级别的 13948 道选择题，全面考验了模型的中文语言理解与处理能力。而 CMMLU 榜单，则由 MBZUAI、上海交通大学与微软亚洲研究院共同推出，是衡量大模型性能的重要标准。

　　银河大模型不仅擅长解答多学科问题，还能辅助学生进行中英文写作，实现自主出题与陪伴式学习，全方位促进学生的个性化成长。银河大模型以其智能解题、知识问答、AI 写作、AI 伴学等功能，为学生提供了前所未有的学习体验。

　　银河大模型精通诗词歌赋、课文知识，更能在写作过程中提供语法纠正、结构优化及创意激发等帮助，有效提升学生的写作能力。同时，通过对学生学习行为的深入分析，银河大模型能够量身定制个性化学习计划，确保每位学生都能得到最适合自己的辅导。

　　银河大模型不仅展现了作业帮在 AI 技术领域的深厚底蕴，更为学习机产品增添了独特的竞争优势。凭借超过 10 亿份的题库资源、134 万份教辅材料及 130 万套真题试卷的庞大教育资源库，作业帮成功地将 AI 技术应用于教育实践，实现了从数据积累到技术创新的全面飞跃。

**【案例 64】作业帮 AI 学习桌：AI 伴学系统实时辅导解放家长**

　　作业帮 AI 学习桌通过搭载先进的 AI 伴学系统，以学生为中心，提升学习体验，如图 8-17 所示。AI 伴学系统的主要亮点在于能够实时辅导孩子学习，从而有效解放家长的时间与精力。

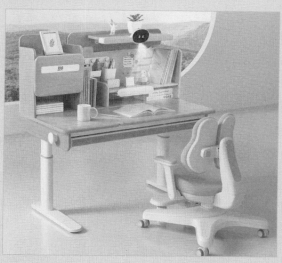

**图 8-17　作业帮 AI 学习桌**

作业帮 AI 学习桌内置的聪明学系统支持教材同步精练，"小帮"AI 助手能够随时解答孩子的疑惑。这一功能让孩子在学习过程中遇到难题时，无须等待家长或教师的帮助，即可获得即时解答，大大地提高学习效率。

作业帮 AI 学习桌内置的时间管理功能，可以帮助孩子更好地规划学习时间，提升专注力。通过设定倒计时任务或计时专注模式，孩子能够在规定的时间内集中精力完成学习任务，从而养成良好的学习习惯。

除了基本的教材同步学习外，AI 伴学系统还提供了丰富的学习资源，如字词点读、绘本阅读、语音助手等。这些功能不仅能拓宽孩子的学习视野，还能使学习过程更加生动有趣。

对于许多工作繁忙的家长来说，每天抽出时间辅导孩子学习是一项艰巨的任务，作业帮 AI 学习桌的 AI 伴学系统能够实时辅导孩子，让家长从繁重的辅导任务中解放出来，有更多时间专注于自己的工作和生活。

作业帮 AI 学习桌通过其先进的 AI 伴学系统，为家长和孩子带来了诸多便利及好处，它不仅能够实时辅导孩子学习、提升学习效果，还能够有效解放家长的时间与精力，增进亲子关系。

# 8.1.8　读书郎：梦想 GPT 大模型

读书郎凭借其深厚的教学教研沉淀和先进技术优势，成功研发出梦想 GPT 大模型，并通过了国家互联网信息办公室的备案，标志着读书郎在大型模型算法安全技术和管理机制方面获得了国家级认可。

梦想 GPT 大模型采用了先进的人工智能技术，具备强大的自然语言处理能力和知识推理能力，能够满足学生个性化、多层次、全流程的学习需求。梦想 GPT 大模型的主要应用场景如下。

❶ AI 作文批改：在梦想 GPT 大模型的加持下，读书郎 AI 学习机的作文批改功能得到了全新升级，能够多维度深度批改作文，提供专业化写作建议，并自动匹配优秀范文，如图 8-18 所示。

❷ AI 口语对话：读书郎 AI 学习机紧密结合孩子当前学习的单元课本内容，设计了情景演练和 AI 口语对话功能。这些情景对话鼓励学生大胆实践口头表达，以增强学生的语言运用能力。

❸ 电话手表应用：读书郎电话手表 A7 也搭载了全新的梦想 GPT 技术，实现了作文续写和口语对练功能，如图 8-19 所示。AI 作文续写功能可以帮助孩子提高写作能力，AI 口语对练功能则可以带领孩子循序渐进地掌握一口流利的英语。

读书郎深耕教育科技领域多年，始终秉持以科技推动教育进步的理念。梦想 GPT 大模型的推出，正是读书郎对这一理念的生动实践，它不仅为孩子们提供了更加个性化、高效的学习路径，也为家长减轻了辅导负担，让教育更加轻松愉悦。

图 8-18　读书郎 AI 学习机的作文批改功能

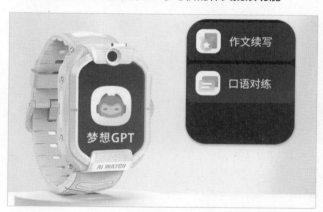

图 8-19　读书郎 AI 学习机

## 8.1.9　seewo：希沃教学大模型

希沃教学大模型是视源股份旗下品牌希沃（seewo）在教育领域推出的一款专用大模型，旨在解决教育场景中的实际问题，特别是针对教师如何更高效地教学的问题，其功能特点如下。

❶ 课件与教案自动生成：希沃教学大模型能够自动生成课件和教案，极大地减轻教师的备课负担。通过输入相应的课文名或教学主题，希沃教学大模型即可生成一

份具有个人特征、美观实用、符合要求的互动课件，并给出有针对性的教学建议和讲解思路。

❷ 课堂智能反馈系统：搭载希沃教学大模型的软件平台（如希沃课堂智能反馈系统），能够实现课堂数据的实时采集和分析，为教师提供多维度的课堂实录和详细的数据报告。这些报告包括课堂视频、文字实录以及教学过程中教师教学、学生学习、课堂内容等方面的数据分析和建议，有助于教师快速回溯教学中存在的问题，优化课堂环节设计。

❸ 学情分析：通过对学生学习数据的分析，希沃教学大模型能够生成学情分析报告，帮助教师了解学生的学习情况，有针对性地优化教学计划和辅导策略。

❹ 集体备课与智能摘要：在集体备课环节，希沃教学大模型能够跨时间、跨空间进行同步或异步的集体备课，并生成智能摘要，帮助主备人快速吸收建议，提高备课效率。

❺ 作业自动批改：希沃教学大模型支持作业自动批改功能，利用作业采集设备快速扫描作业，自动进行批改和反馈，减轻教师的工作负担。

希沃教学大模型主要搭载在希沃第七代交互智能平板和希沃课堂智能反馈系统上，为一线教师提供高效的教学辅助工具，如图 8-20 所示。这些工具能够提升教学质量和效率，减轻教师的工作负担。另外，希沃学习机也搭载了希沃教学大模型的相关功能，如 AI 绘本阅读体系等，这些功能能够丰富家庭教育场景，提升孩子的阅读能力和学习兴趣。

图 8-20　希沃课堂智能反馈系统

希沃母公司视源股份成立 AI 算法研究团队已有近十年时间，尤其在生成式 AI 自动评语方面有一定的成果，这为希沃教学大模型的研发提供了坚实的算法基础。官网数据显示，截至 2024 年初，希沃的产品已经覆盖全国超过 280 万间教室，活跃教师用户超 800 万，积累了 6 亿份课件等大量数据。这些数据为希沃教学大模型的训练提供了丰富的素材和依据。

希沃通过加强与一线教师的沟通与连接，不断收集教师在教学场景中的真实体验和教学产品反馈，从而加深对教育场景的理解，使希沃教学大模型更加贴近实际教学需求。

## 【案例 65】希沃学习机 W3：让孩子爱上阅读，激发多元潜能

在当今这个信息爆炸的时代，如何培养孩子良好的阅读习惯，同时激发他们的多元潜能，成为众多家长和教育者关注的焦点。希沃学习机 W3 作为一款专为儿童设计的高端智能学习设备，以其独特的功能与体验，成功地帮助无数孩子爱上了阅读，并在学习与成长的道路上不断探索与前行，如图 8-21 所示。

**图 8-21　希沃学习机 W3**

希沃学习机 W3 内置了丰富的电子图书资源，涵盖了绘本、科普、文学、历史等多个领域，以满足不同年龄段孩子的阅读需求。希沃学习机 W3 通过精美的画面、生动的音效以及互动式的阅读模式，为孩子营造一个沉浸式的阅读环境，让他们仿佛置身于故事之中，自然而然地爱上阅读。

希沃学习机 W3 的独具匠心之处在于其创新的交互式动画绘本功能，这一特色设计鼓励孩子们亲身参与绘本故事的演绎，通过互动体验实现深度沉浸，不仅能极大地

提升观赏的乐趣，更能在无形中强化孩子的思维逻辑与手眼协调能力，促进他们全面而均衡地成长。

# 8.2 大模型驱动生成式 AI 塑造智能体

随着大模型技术的不断突破，生成式 AI 正以前所未有的力量塑造着教育的未来。在这一浪潮中，技术与教育的深度融合达到了前所未有的高度，对教育的两大支柱——教师与学生产生了根本性的变革。

AIGC 以 Agent 这一崭新形态，悄然融入师生的日常教学生活中，不仅提供个性化教学辅助与学习支持，更在潜移默化中重塑着双方的学习与工作生态。本节主要探讨生成式 AI 的应用场景，揭示 Agent 给教育行业带来了哪些前所未有的智能化体验与效率提升。

**专家提醒**

在人工智能领域，Agent 指的是一种可以感知环境并采取行动的实体，这包括物理实体（如机器人）和虚拟实体（如计算机程序）。这些 Agent 能够理解和解释自然语言，感知和回应自己的环境，并采取行动来实现其预设的目标，因此 Agent 又被称为智能体。

## 8.2.1　AI 智能体：推动个性化学习普及的强大引擎

在生成式 AI 的智能驱动下，学生享受到了前所未有的个性化教学体验，尤其是在课后辅导环节，AI 智能体实现了一对一的定制化学习陪伴。这一变革标志着自适应教育迎来了普惠时代。

过去，个性化学习因其高昂的成本——包括高端硬件、充足师资及特定教学空间的需求，往往难以普及。如今，随着生成式 AI 技术的成熟，AI 智能体如同私人助教般触手可及，无缝融入学生的日常学习中，随时准备提供精准辅助。

在互动层面，生成式 AI 的引入彻底打破了传统问答模式的界限，它不仅能够理解提问的深意，还能根据提问者的反馈持续优化回答，引领提问者逐步探索直至找到满意的答案。这种互动式学习不仅能增强学习的趣味性，还能极大地提升学习效率。图 8-22 所示为基于文心大模型开发的"百度学术检索助手"智能体，能够为用户提供全面的学术资源检索服务。

AI 智能体作为陪伴式家教，以其个性化分析指导与启发式互动为特色，全面把控学生的学习进程。AI 智能体可以根据学生的实际情况，提供量身定制的学习路径，促进知识的深度理解和灵活应用。学生不再受限于固定的学习时间和地点，随时随地都能获得帮助，实现了学习的泛在化。

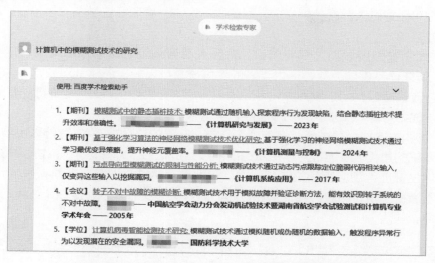

**图8-22 基于文心大模型开发的"百度学术检索助手"智能体**

对于学生而言，生成式 AI 的融入带来了三大显著优势，具体如下。

❶ 学习便捷性大幅提升，任何疑问都能即时得到解答。

❷ 学习方式更加灵活，知识积累不再依赖于机械记忆，而是在 AI 智能体的引导下通过关联学习和个性化练习，以最适合自己的节奏掌握知识。

❸ 生成式 AI 大模型能够根据学生的不同问题提供多样化的解答，并持续调整优化，确保每位学生都能在知识的海洋中畅游无阻，全面且深入地掌握所学内容。

## 8.2.2 教师得力助手：AI 智能体在教学中的全新角色

在技术应用层面，AI 智能体以其低门槛的友好设计，极大地减轻了教师的学习负担，实现了无缝融入教育流程。在教学准备与执行环节，AI 智能体化身为高效助手，助力教师轻松构建精品课程、策划创意教学方案，显著提升工作效率。

AI 智能体不仅是一项技术革新，更是教师角色转型的推手。通过自动化处理烦琐任务，如自动生成教案、随堂测验等，AI 智能体能够有效释放教师的时间与精力，使他们能更专注于学生的全面发展与素质提升。教师的职责悄然转型，从单一的知识传授者转变为全方位的学生成长引路人，关注点也从单一的学业成绩拓展至学生心理健康、情感需求等多维度。

AI 智能体主要从以下三大方面助力教师能力提升。

❶ 任务减负，专注核心：AI 智能体能够全方位支持教师工作，从备课到教学，

再到作业评价与学情分析，均能实现智能化处理。在备课环节，AI 智能体可以生成教案与练习题；在教学阶段，AI 智能体可以提供个性化教学计划；在评价阶段，AI 智能体则可以通过大数据分析生成详尽的学情报告，确保每位学生的学习进展尽在教师的掌握之中。

❷ 大语言模型赋能，专业成长：依托大语言模型的深厚知识库与智能分析能力，AI 智能体不仅能为教师提供丰富的教育资源与见解，还能针对教学难题提供深度分析与改进建议，助力教师深化专业知识体系。另外，生成式 AI 的加入，更让跨学科教学成为可能，激发教师创新思维，丰富教学内容与形式。

❸ 育人为本，心灵关怀：在教师工作重心转移的过程中，AI 智能体扮演了桥梁与预警系统的角色——通过对学生状态的细致分析，为教师提供个性化指导建议，确保每位学生都能得到应有的关注与引导。特别是在学生心理健康方面，AI 智能体能即时识别潜在问题，向教师发送预警信息，助力教师及时介入，提供个性化的心理疏导与支持。

## 8.2.3　多模态大模型：AI 智能体赋能教育内容生成

多模态大模型是人工智能领域的一项前沿技术，它突破了传统单一模态（如文本、图像、音频等）的限制，能够同时处理和理解来自多个模态的信息，并实现跨模态的生成与交互。

多模态大模型通过庞大的数据集进行训练，具备丰富的知识表示和跨模态映射能力，能够根据输入的不同模态信息，生成相应的高质量、多样化的输出内容。在教育领域，多模态大模型的应用极大地丰富了教学资源的多样性和互动性，相关分析如下。

1. 基于多模态大模型的 AI 智能体可以生成教育行业的图片素材

在教育内容创作中，图片素材是不可或缺的一部分，它们能够直观展示知识点，吸引学生的注意力。基于多模态大模型的 AI 智能体，可以根据文本描述或概念，自动生成与之匹配的高质量图片素材。

【案例 66】即梦 AI：用 AI 智能体生成教学图片素材

即梦 AI 是基于多模态大模型构建的 AI 智能体，该模型融合了图像、视频等多种模态的信息处理能力。在教育领域，尤其是历史、地理等学科的教学中，生动形象的视觉素材对于激发学生的学习兴趣、加深理解具有不可替代的作用。

传统上，制作这些素材需要耗费大量的人力、物力和时间，且难以保证素材的丰富性和准确性。即梦 AI 利用先进的 AI 智能体技术，能够自动生成高质量的视觉素材，极大地丰富教育资源。相关示例分别如图 8-23 和图 8-24 所示。

图 8-23　用 AI 生成的历史场景图

图 8-24　用 AI 生成的地理场景图

2. 基于多模态大模型的 AI 智能体可以生成教育行业的音频素材

除了视觉素材外，音频素材在教育中也扮演着重要角色。通过多模态大模型，AI 智能体能够生成多样化的音频内容，如语音讲解、背景音乐、音效等。这些音频素材可以根据教学需求进行定制，为学生提供更加生动、立体的学习体验。

## 【案例 67】 Genny：用 AI 智能体进行英语听力训练

Lovo.ai 是一款基于人工智能的语音生成器和文本转语音平台，该平台推出的 AI 智能体 Genny，能够将输入的文本快速转化为自然流畅的语音，模拟真实人声。教师可以利用 Genny 将课程内容转化为有声读物或教学视频配音，为学生提供更加生动、多样化的学习方式。例如，在英语听力训练中，Genny 可以根据听力材料生成语音讲解和对话练习素材，帮助学生提高听力理解能力。相关示例如图 8-25 所示。

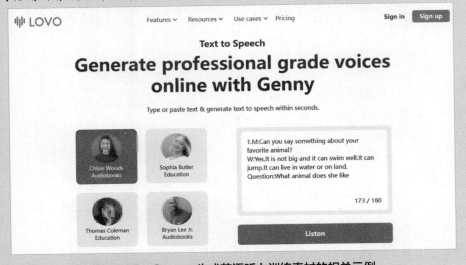

图 8-25　Genny 生成英语听力训练素材的相关示例

### 3. 基于多模态大模型的 AI 智能体可以进行口语练习

口语能力是语言学习的重要组成部分。传统口语练习往往受限于师资和资源，难以实现个性化教学。而基于多模态大模型的 AI 智能体，则能够为学生提供一对一的口语练习服务。

AI 智能体不仅能理解学生的语音输入，还能根据学生的发音、语调、语速等特征，给予即时的反馈和建议。另外，AI 智能体还能根据学生的水平和学习进度，智能调整练习的难度和话题，确保口语练习的有效性和针对性。例如，在英语口语练习中，AI 智能体可以模拟真实的对话场景，与学生进行角色扮演，让学生在模拟交流中提升口语表达能力。

# 第 9 章

## 主流 AI 教育工具与平台：
## 作出明智的选择

随着人工智能技术的快速发展，教育领域涌现出许多创新的 AI 工具和平台，它们以其独特的功能和优势，正在改变传统的教育模式和学习体验。本章将深入探讨当前主流的 AI 教育工具与平台，以便教育工作者和学习者做出明智的选择。

# 9.1 AI 聊天机器人与学习助手

如今，AI 聊天机器人和学习助手在教育领域的应用日益广泛，它们不仅能够为学生提供个性化的学习体验，还能辅助教师提升教学质量。本节将介绍几个代表性的 AI 聊天机器人与学习助手平台。

## 9.1.1 ChatGPT：由 OpenAI 开发的聊天机器人

ChatGPT 是 OpenAI 开发的一种基于 Transformer 结构的大型语言模型，它能够进行自然语言处理，包括生成文本、回答问题、完成任务等。ChatGPT 以其强大的对话生成能力而闻名，能够与用户进行流畅、连贯的对话，理解复杂的指令和上下文，并据此生成相应的回复。

ChatGPT 可以根据学生的学习水平和兴趣，提供定制化的学习建议和辅导材料。学生可以随时向 ChatGPT 提问，获得即时且准确的答案解析。另外，在写作、编程等创造性任务中，ChatGPT 可以帮助学生产生新的想法和灵感。

### 【案例 68】ChatGPT：帮助学生进行考研复习规划

ChatGPT 能够根据学生的个人信息、学习背景和考研目标，进行智能分析，提供个性化的备考建议。相关案例如下。

**提示词**

距离考研还有半年时间，如何安排学习计划？政治、英语、专业课的学习建议是什么？给出你的看法。

**ChatGPT**

考研复习计划的合理安排对于取得好成绩至关重要。距离考研还有半年时间，可以按照以下建议进行规划。

**一、总体复习计划**

1.前 3 个月（基础阶段）

目标：夯实基础知识，全面覆盖考点。

安排：每天安排 8～10 小时的学习时间，合理分配政治、英语和专业课的复习时间。

内容：

政治：重点学习基础知识，做配套的基础练习题。

英语：扩大词汇量，强化阅读理解能力，每天一篇阅读理解，背诵写作模板。

专业课：通读教材，掌握基本概念和理论，做相关的基础题目。

……

二、政治学习建议

……

三、英语学习建议

……

四、专业课学习建议

……

其他建议

……

希望这些建议能帮助你合理规划考研复习，取得好成绩！

**专家提醒**

因为篇幅有限，AI 工具回复的内容只展示要点，详细的回复文案，请看随书提供的完整效果文件。

## 9.1.2 Kimi：提供定制化的学习计划和资源

Kimi 是由月之暗面科技有限公司开发的人工智能助手，它具备多语言对话能力，尤其擅长中文和英文的交流。Kimi 拥有强大的文本处理能力，能够支持多轮总和最多 20 万字的输入和输出，这使其在长文本写作、翻译、代码编写等方面的表现非常出色。

Kimi 的特点之一是其文件处理能力，用户可以上传多种格式的文件，如 TXT、PDF、Word 文档等，Kimi 能够阅读这些文件内容并据此回复用户。另外，Kimi 还具备搜索能力，能够结合搜索结果为用户提供丰富和准确的回答。

对于教育行业而言，Kimi 可以作为一个智能教学助手，为学生提供定制化的学习支持，Kimi 可以帮助学生解决作业中的问题，提供语言学习的支持，甚至辅助进行编程练习。对于教师来说，Kimi 能够为教师提供教学资源的搜索和整理服务，减轻教师的备课负担。另外，Kimi 还可以作为教育管理者的辅助工具，提高教育管理效率。

### 【案例 69】Kimi：给学生提供论文选题指导

在学术研究的初期阶段，选择合适的论文选题对确保研究的方向和质量至关重要。然而，确定既有研究价值又符合学术要求的选题往往是一项挑战。学生可以通过与 Kimi 的互动，获得多个具有研究潜力的论文选题方向。相关案例如下。

**提示词**

我是一名计算机科学专业的学生，我想写一篇关于人工智能的论文，但我不知道具体的选题方向。你能给我一些建议吗？

**Kimi**

作为一名计算机科学专业的学生，想要撰写关于人工智能的论文时，你有很多激动人心的方向可以选择。以下是一些可能的论文选题建议：

1. 深度学习在图像识别中的应用：研究深度学习算法如何改变图像识别的准确性和应用范围。

2. 自然语言处理的进展：探讨自然语言处理（NLP）的最新技术，如情感分析、机器翻译和聊天机器人。

3. 强化学习在游戏和机器人中的应用：……

4. 人工智能在医疗诊断中的潜力：……

5. 机器学习算法的可解释性和透明度：……

6. 人工智能在网络安全中的角色：……

7. 人工智能伦理和法律问题：……

8. 人工智能在教育个性化中的应用：……

9. 自动驾驶技术的发展与挑战：……

10. 人工智能与人类协作的新模式：……

11. AI 在金融领域的应用：……

12. 人工智能对就业市场的影响：……

选择论文选题时，考虑以下因素：

……

你如果需要更具体的建议或帮助来缩小选题范围，可以提供更多的个人兴趣和研究背景信息，我可以进一步协助你。

## 9.1.3  秘塔 AI 搜索：专注于高质量学术信息检索

秘塔 AI 搜索是上海秘塔网络科技有限公司开发的一款基于大模型的人工智能搜索引擎，对教育行业具有重要意义。一方面，秘塔 AI 搜索专注于提供无广告、高质量的搜索结果，通过深度理解用户的搜索意图，快速整合全网信息，并以图形化工具辅助用户理解和记忆内容。这种智能化的搜索方式不仅能提高搜索效率，还能极大地优化用户体验，从而避免传统搜索引擎中常见的广告干扰和信息冗余。

另一方面，秘塔 AI 搜索在教育行业的应用尤为广泛，它可以利用自然语言处理和机器学习技术，从海量学术文献中快速检索出与用户查询最相关的内容。秘塔 AI 搜索能够准确理解用户的查询意图，并返回高质量的学术文献和研究成果。

## 【案例 70】秘塔 AI 搜索：查询巨型猪笼草相关信息

在学术研究和教育领域，信息检索是一项基础而关键的任务。秘塔 AI 搜索通过其先进的算法和功能，极大地提高了这一过程的效率和质量。相关案例如下。

### 提示词

请你作为一位生物学领域的专家，帮我查询巨型猪笼草相关信息，结果需要包含这个生物的基本情况、来源地、行为特点等。

### 秘塔AI搜索

巨型猪笼草（学名：Nepenthes attenboroughii）是一种独特的热带食虫植物，主要分布在菲律宾的巴拉望省维多利亚山地区，其海拔分布范围为 1600 米至 1726 米。这种植物因其巨大的捕虫笼而闻名，能够容纳高达 30 厘米的笼子，并且其下位笼很脆，通常为钟形。

巨型猪笼草的行为特点包括能够分泌一种类似花蜜的物质，引诱猎物进入其捕虫笼中。这些捕虫笼内充满了酶和酸，能够迅速分解并消化掉进入其中的昆虫和其他小动物，甚至包括老鼠。此外，巨型猪笼草的汁液还具有一定的毒性，能够阻止皮肤对阳光的自我保护，导致在自然光下的烧伤。

巨型猪笼草不仅在体型上非常巨大，而且在功能上还表现出极强的捕食能力，是世界上最为危险和独特的食肉植物之一。

延伸阅读

植物界最危险的肉食植物：巨型猪笼草

这篇文章详细描述了巨型猪笼草的学名、发现地点和分泌物质的特点，对研究具有高度相关性。

世界上最恐怖的植物

这篇文章提到了科学家对巨型猪笼草的研究成果，对于了解其科学研究进展很有价值。

## 9.1.4 通义：提供更加便捷的学习方式

通义是阿里云开发的超大规模语言模型，它集多种功能于一体，如多轮对话、文案创作、逻辑推理、多模态理解、多语言支持等。通义具有深厚的语言理解能力，能够掌握复杂语言规律，理解自然语言文本的含义和逻辑关系。这种能力使得通义能够更准确地回答用户的问题，提供有用的信息。

通义可以作为学生的学习助手，提供个性化的学习建议和辅导。通过自然语言处理技术，通义能够理解学生的问题和需求，为他们提供有针对性的学习资源和练习题目。另外，通义的英语学习助手功能可以帮助学生提高英语水平，通过互动教学激发学生的学习兴趣和积极性。在教育行业中，通义的应用有望推动教育的智能化和个性化发展，为学生和教师带来更加便捷、高效的学习和教学体验。

## 【案例 71】通义：快速翻译英文内容

通义具有强大的翻译能力，无论是复杂的英语课文、学术论文、生动的文学作品，还是日常的交流对话，通义都能迅速而准确地将其转化为易于理解的中文表述。相关案例如下。

### 提示词

现在你是一个专业的英汉互译器，我输入中文时，你会将其翻译成英文；我输入英文时，你会将其翻译成中文。接下来，我输入的内容如下：

Unit 1 Festivals around the world

FESTIVALS AND CELEBRATIONS

Festivals and celebrations of all kinds have been held everywhere since ancient times. Most ancient festivals would celebrate the end of cold weather, planting in spring and harvest in autumn. Sometimes celebrations would be held after hunters had caught animals.

At that time people would starve if food was difficult to find, especially during the cold winter months. Today's festivals have many origins, some religious, some seasonal, and some for special people or events.

### 通义

第一单元 世界各地的节日

节日与庆典

自古以来，世界各地就举行着各种各样的节日和庆典。大多数古老的节日都会庆祝寒冷天气的结束、春天的播种和秋天的收获。有时，在猎人捕获猎物后也会举行庆祝活动。

在那时，如果难以找到食物，人们就会挨饿，特别是在寒冷的冬季。如今的节日有很多起源，有些是宗教性的，有些是季节性的，还有些是为了特殊的人物或事件。

# 9.1.5　文心一言：学习辅导和教学辅助工具

文心一言是百度开发的一款基于人工智能技术的文本编辑工具和大语言模型。它采用先进的自然语言处理算法，能快速准确地理解用户需求并给出回应。文心一言的特点显著，包括精准度高、智能化程度高、高效性以及可定制性。同时，文心一言还能不断学习积累知识，提升智能化水平，使对话更加自然流畅。

对于教育行业而言，文心一言提供了强大的学习辅导和教学辅助工具，它能够根据学生的需求提供个性化的学习计划、复习建议和学习技巧，助力学生高效学习。同时，教师也能利用文心一言的教学辅助功能，更好地完成教学任务，提升教学质量。另外，文心一言还能提供丰富多样的学习资源，满足不同学生的兴趣和需求，促进教育公平和个性化发展。

## 【案例 72】文心一言：解答汉语言文学问题

在浩瀚的汉语言文学海洋中，学生们常遇难题。古文的深邃、诗词的韵律、文学的意境，无一不考验着求知者的智慧与耐心。

如今，有了文心一言这一智能助手，解答之路变得轻松而高效。文心一言以其深厚的国学底蕴与先进的人工智能技术，为学生们搭建起一座通往知识彼岸的桥梁。无论是晦涩难懂的古文释义，还是复杂多变的文学理论，文心一言都能迅速响应，精准解答，让学习之路更加顺畅愉快。相关案例如下。

### 提示词

现在你是一名精通汉语言文学的国学专家，你会结合你丰富的国学知识，对我给出的字词或成语进行阐释。要求浅显易懂地进行表达，内容专业有深度。我给出的第一个字词：不容置喙。

### 文心一言

"不容置喙"这个成语，源自古代汉语的深邃与精练，它蕴含着丰富的意味和明确的界限。简单来说，"不容置喙"就是"不允许插嘴说话，没有发表意见的机会"的意思。这里的"容"是允许、容许的意思；"置"有放置、安放之意，在这里引申为表达、发表；"喙"则是指鸟兽的嘴，借指人的嘴或言论。

在国学语境下，这个成语常被用来形容某种情况或决策已经十分明确，没有商量的余地，也不接受任何质疑或反驳。它体现了一种权威性和决断力，表明某事已经经过深思熟虑，形成了不可动摇的结论或决策，其他人只能接受而不能提出异议。

例如，在历史典故或文学作品中，当一位君主或领袖做出了重大决定，并宣布

"此事不容置喙"时，就意味着这个决定是最终的，不容许任何人提出不同意见或进行辩论。这种表达不仅展现出了决策者的坚定和果断，也体现了对决策过程的尊重和信任。

总的来说，"不容置喙"是一个富有力量感的成语，它强调了决策的权威性和不可更改性，同时也提醒我们在面对权威决策时要保持敬畏之心，尊重他人的判断和选择。

## 9.1.6 智谱清言：教育行业的智慧导航者

智谱清言是北京智谱华章科技有限公司推出的生成式 AI 助手，它可以巧妙地融入用户的工作、学习以及各种日常生活场景中，能够广泛解答各类疑问，并高效执行多样任务。

智谱清言的特点在于其高度的智能化与个性化，通过深度学习与大数据分析，它能够精准理解学生的学习需求与困惑，提供定制化的学习资源和解决方案。无论是汉语言文学的古典韵味，还是现代科学的严谨逻辑，智谱清言都能以清晰、易懂的方式呈现，帮助学生跨越知识障碍，实现高效学习。

**【案例73】智谱清言：根据文字描述智能绘制图片**

用户只需输入文字描述，智谱清言即可生成与之匹配的图像，将抽象的文字转化为具象的视觉内容。智谱清言支持多种艺术风格和绘画技巧，用户可以根据个人喜好选择不同的视觉效果。

教师可以利用智谱清言将抽象的科学概念或历史事件转化为直观的图片，提高学生的学习兴趣。这不仅能节省教师准备教学材料的时间和精力，还能使教学内容更加生动、直观。

例如，在地理课上，教师通过文字描述世界各地的地貌特征，智谱清言则能立即绘制出对应的地图和景观图，帮助学生更好地理解地理知识。相关案例如下。

### 提示词

画一个瑞士阿尔卑斯山的山顶风光，雪山和蓝天，自然风光摄影风格。

### 智谱清言

这是您请求的瑞士阿尔卑斯山山顶风光的图像，展现了雪山和蓝天的自然美景，如图 9-1 所示。请查看这幅图像，看看是否符合您的期望。

图 9-1　瑞士阿尔卑斯山的山顶风光

# 9.2　智能教学和学习辅助工具

本节将深入介绍一些前沿的智能教学和学习辅助工具，它们利用人工智能的力量，重塑了学习体验，让知识的获取更加高效、个性化且富有趣味性。

## 9.2.1　MathGPTPro：人工智能驱动的数学导师

MathGPTPro 是一款集数学问题解答与知识点深度解析于一体的 AI 智能学习工具，它依托于先进的大语言模型技术，能够智能地捕捉并解析用户通过文字、图像乃至视频等多种媒介提出的数学难题，迅速且精准地返回答案，并附带详尽的解题路径分析。图 9-2 所示为 MathGPTPro 的科学计算器功能。

MathGPTPro 不仅能够解决用户的疑问，还能促进用户对数学概念和方法的理解。更重要的是，MathGPTPro 具备学习能力，能够依据用户的反馈循环迭代，持续优化解答质量与用户体验，确保每位用户都能享受到个性化、高效且不断进步的学习支持。

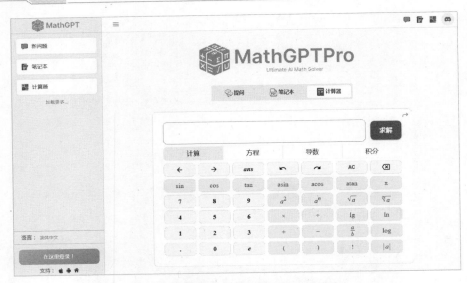

图 9-2 MathGPTPro 的科学计算器功能

## 【案例 74】MathGPTPro：轻松解答数学方程问题

MathGPTPro 展现出了卓越的智能水平，其强大的功能使用户能够轻松上传图文形式的题目，并即刻获得详尽无遗的解题步骤与参考答案。更令人称道的是，MathGPTPro 支持无缝的连续追问功能，这极大地促进了用户对解题逻辑与数学概念的深入理解。不论是探索抽象代数的奥秘，还是攻克高级微积分的难题，MathGPTPro 都能迅速响应，提供精准解答。

例如，在 MathGPTPro 的"提问"选项卡中输入相应的提示词，让 MathGPTPro 根据相关定理来解方程，如图 9-3 所示。

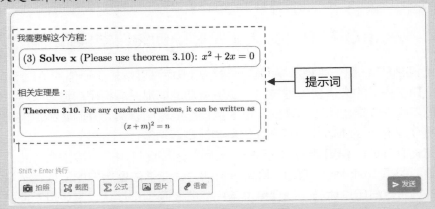

图 9-3 输入相应的提示词

单击"发送"按钮，MathGPTPro 即可根据我们的要求给出答案，并列出详细的解答过程，如图 9-4 所示。

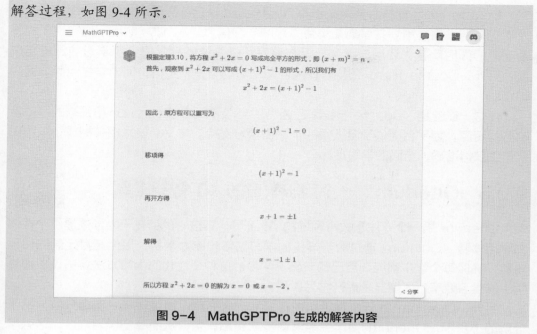

首先，观察到 $x^2 + 2x$ 可以写成 $(x+1)^2 - 1$ 的形式，所以我们有

$$x^2 + 2x = (x+1)^2 - 1$$

因此，原方程可以重写为

$$(x+1)^2 - 1 = 0$$

移项得

$$(x+1)^2 = 1$$

两开方得

$$x + 1 = \pm 1$$

解得

$$x = -1 \pm 1$$

所以方程 $x^2 + 2x = 0$ 的解为 $x = 0$ 或 $x = -2$。

图 9-4　MathGPTPro 生成的解答内容

## 9.2.2　Course Hero：AI 驱动的家庭作业辅导

　　Course Hero 是一个在线学习平台，除了提供海量的学习资源和文档外，还利用 AI 技术帮助学生解决家庭作业难题。无论是选择题、填空题还是开放性问题，Course Hero 都能在极短的时间内——仅需 30 秒，便能为用户呈现精准答案。相关示例如图 9-5 所示。

图 9-5　Course Hero 解答问题的相关示例

Course Hero 的核心亮点在于其 AI 课程助手，它依托于庞大的资源库，直接嵌入学生文档，精准策划并呈现最契合需求的学习信息。AI 课程助手不仅实现了对复杂问题的即时解答，还通过高亮显示与深度解析关键概念，促进了学习的深度与广度。另外，Course Hero 还能够智能匹配练习题与关联资料，助力学生全面巩固知识点。

值得一提的是，Course Hero 还整合了全球 2600 多位经过严格筛选的权威专家导师资源，为平台提供了全天候的个性化学习支持，与 AI 技术相辅相成，共同确保学生获得准确、全面的学习指导。

## 9.2.3　Querium：一个用于教育的人工智能工具

Querium 是一个专注于教育领域的 AI 工具，其核心优势在于为学生提供个性化的学习体验。Querium 通过分析学生的学习习惯和能力水平，提供量身定制的课程内容，确保每个学生都能在自己的节奏下学习。这种个性化的学习方法，不仅能提高学生的学习效率，还能显著提升学习质量。

另外，Querium 的分步辅导功能是其另一大亮点。通过将复杂概念分解为易于理解的小步骤，Querium 使学生能够逐步掌握知识点，从而降低学习难度，增强学习信心。这种方法特别适合 STEM 领域的学习，因为 STEM 学科往往需要学生对概念有深刻而系统的理解。

Querium 还通过持续分析学生的答题情况和辅导课程的持续时间，为教师提供宝贵的反馈。这些数据有助于教师识别学生的学习习惯，发现需要改进的地方，从而更有针对性地调整教学策略。

值得一提的是，Querium 在提高学生参与度方面成效显著。通过互动式的学习环境和动态的学习内容，Querium 成功地吸引了学生的注意力，使他们能够积极参与到学习过程中。这种高度的参与不仅使学习更加有效，也使学习体验更加生动有趣。

### 【案例 75】StepWise：智能学习伙伴与个性化 AI 虚拟导师

Querium 提供了一种软件即服务（Software as a Service，SaaS），专门用于 3～12 年级学生和大学生在数学自学、数学相关教育课程和培训项目中的学习。Querium 还提供了超过 500 个数学主题的在线教学内容访问权限，涵盖从基础代数到微积分的广泛领域。

Querium 推出的专利产品 StepWise 作为一位强大的 AI 虚拟导师，走进了广大学生的学习生活中。StepWise 不仅仅是一款软件，更是能够模拟资深教师指导与激励的智能伙伴。在 StepWise 的陪伴下，学生每完成一个解题步骤，都能即时获得详尽的评估与反馈，从而明确自己的错误所在并获得关于后续步骤的宝贵建议。相关示例如

图 9-6 所示。

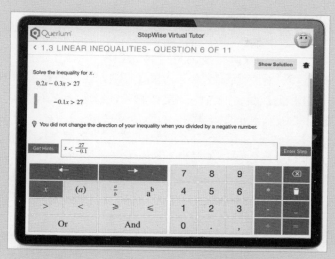

**图 9-6　StepWise 解决问题的相关示例**

　　StepWise 的核心魅力在于其无与伦比的个性化与定制化功能，它能够针对每位学生的独特需求，量身定制专属的学习路径。随着学生的不断进步，这条路径也会灵活调整，确保学生在掌握当前知识点后能够无缝衔接到下一个挑战，实现学习效率的最大化。

　　同时，StepWise 还为教师及家长提供了丰富的数据洞察（相关示例如图 9-7 所示），让他们能够深入了解学生在解决问题过程中的能力展现与技能成长，为精准教学与辅导提供有力支持。

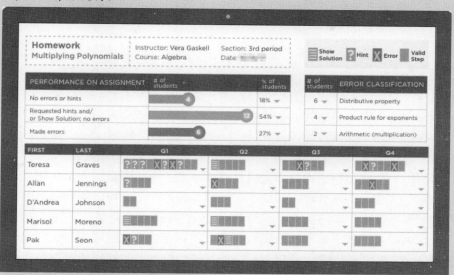

**图 9-7　StepWise 数据洞察的相关示例**

## 9.2.4　Fireflies.ai：不可或缺的智能学习伴侣

　　Fireflies.ai 是一款引领教育科技潮流的 AI 应用，专注于通过前沿的人工智能技术，实现对录制的课堂对话进行高效转录、深度总结与全面分析。Fireflies.ai 不仅适用于捕捉精彩纷呈的讲座、深度探讨的课堂讨论，还能无缝融入小组项目合作中，确保每一个学习瞬间都能被精准记录与解析。

　　Fireflies.ai 能够与各类在线学习平台中的视频会议工具无缝对接。无论是直播授课还是远程讨论，都能轻松实现全程录制与实时转录，以确保课程内容的完整性与准确性，让学习无遗漏。

　　针对教育工作者而言，Fireflies.ai 的 AI 摘要工具无疑是一大亮点，它能够自动提炼讲座精华，生成条理清晰、要点突出的总结报告，大大减轻教师整理教学资料的工作负担，同时能为学生提供快速回顾课程内容的便捷途径。

　　Fireflies.ai 的主要功能优势如下。

　　❶ 专注学习：自动转录与总结功能，让学生从烦琐的笔记记录中解脱出来，将更多精力投入对知识的理解和消化上。

　　❷ 个性化学习体验：通过智能识别关键概念和术语，Fireflies.ai 能够为学生量身打造个性化的学习路径，让学习更加高效且有针对性。

　　❸ 促进协作与讨论：Fireflies.ai 支持笔记与摘要的共享功能，鼓励学生之间展开积极的交流与讨论，共同提升学习成效。

　　❹ 便捷复习与搜索：学生可随时通过 Fireflies.ai 平台搜索自己的笔记和成绩单，快速定位所需信息，为复习备考提供有力支持。

## 9.2.5　腾讯智影：提供全方位的智能创作支持

　　腾讯智影是一款集成了人工智能技术的云端视频创作工具，它通过简化视频制作流程，为用户提供了一个高效、便捷的视频编辑平台。用户无须下载任何软件，直接通过电脑浏览器即可访问并使用腾讯智影的全部功能，如图 9-8 所示，如视频剪辑、文本配音、数字人播报以及 AI 绘画等。

　　教师可以利用腾讯智影将教学资料制作成视频，增加课堂的趣味性和互动性，提高学生的学习兴趣。腾讯智影的自动字幕和文本配音功能，可以辅助教师进行远程教育课程的制作，使得教学内容可以跨越语言和听力障碍，服务更广泛的学生群体。

　　学生也可以使用腾讯智影进行项目展示、创意作业等，这样的实践活动有助于培养学生的创造力和表达能力。通过智能化的视频创作，教师可以更高效地传达知识，学生也能获得更加丰富和个性化的学习体验。

**图 9-8　腾讯智影的全部功能**

## 【案例 76】腾讯智影：制作数字人教学视频

　　腾讯智影平台推出的数字人播报功能，极大地简化了文本到视频内容的转化过程。用户仅需轻松输入所需文本，并从多样化的风格人物形象中挑选心仪的一位，即可迅速生成栩栩如生的数字人播报视频。数字人播报功能不仅提供了丰富的角色选择，还允许用户根据具体需求自定义视频背景，让内容展现更加贴合场景氛围。

　　无论是专业的新闻播报，还是生动的教学课件制作，腾讯智影的数字人播报功能都能完美胜任。它不仅提升了内容创作的效率与质量，还为各类应用场景带来了前所未有的互动体验，让信息传递更加直观、高效且富有趣味性。

　　在腾讯智影主页的"数字人播报"选项区中单击"去创作"按钮，进入相应页面，在左侧的"模板"面板中选择相应的数字人模板，如图 9-9 所示。

**图 9-9　选择相应的数字人模板**

执行操作后，即可预览模板中的数字人效果，确认该模板后可以单击"应用"按钮，如图 9-10 所示。

图 9-10　单击"应用"按钮

执行操作后，即可应用相应的数字人模板，切换至"PPT 模式"面板，可以查看并修改各个 PPT 页面中的数字人播报内容，单击"保存并生成播报"按钮，如图 9-11 所示，即可根据文本内容生成相应的数字人播报音频。

图 9-11　单击"保存并生成播报"按钮

单击页面右上角的"合成视频"按钮，即可生成相应的数字人教学视频，效果如图 9-12 所示。

图 9-12　数字人教学视频效果

# 第10章

## 拥抱 AI：
## 教育行业的政策支持及面临的挑战

如今，各国政府和教育机构纷纷出台政策，鼓励 AI 在教育领域的应用，以期提高教育质量和效率，促进教育公平。然而，技术的发展也伴随着诸多挑战。本章将分析这些政策支持的具体内容，评估其对教育行业的影响，同时探讨解决这些挑战的可能途径，为全面理解 AI 在教育领域应用的现状和未来提供参考。

# 10.1　AI 教育行业的政策支持

在全球范围内，政策制定者认识到人工智能技术在教育领域的巨大潜力，并纷纷出台了一系列政策措施，以促进 AI 技术的集成和应用。本节将概述关键政策框架，探讨它们如何为 AI 在教育中的应用提供支持。

## 10.1.1　国家层面的 AI 教育战略规划

在国家政策层面，中国对 AI 教育行业的支持体现在多个方面，相关政策如下。

❶《中国教育现代化 2035》：提出了推进教育现代化的指导思想和八大基本理念，明确了到 2035 年总体实现教育现代化的总体目标，包括建成服务全民终身学习的现代教育体系，以及加快信息化时代教育变革。

> **专家提醒**
>
> 《中国教育现代化 2035》提出了推进教育现代化的八大基本理念：更加注重以德为先，更加注重全面发展，更加注重面向人人，更加注重终身学习，更加注重因材施教，更加注重知行合一，更加注重融合发展，更加注重共建共享。

❷ 中华人民共和国国家发展和改革委员会、中华人民共和国教育部、中华人民共和国人力资源和社会保障部共同编制《"十四五"时期教育强国推进工程实施方案》：提到了要增加人工智能等相关学科专业教学和科研设施建设。

❸ 中华人民共和国教育部在 2023 年全国教育事业发展基本情况的新闻发布会上提出了构建"人工智能＋教育"新生态：通过全面推进特色学院建设，加强国家中小学智慧教育平台建设应用，推动职业教育服务数字经济发展。

❹ 中华人民共和国教育部发布 4 项行动助推人工智能赋能教育：国家智慧教育公共服务平台上线"AI 学习"专栏，推动平台智能升级，实施教育系统人工智能大模型应用示范行动，以及将人工智能融入数字教育对外开放。

这些政策体现了中国政府对 AI 教育行业的高度重视，旨在通过政策支持和资源投入，推动 AI 技术在教育领域的广泛应用，提高教育质量，促进教育公平，培养适应新时代要求的创新人才。

**【案例 77】中华人民共和国教育部：发布《高等学校人工智能创新行动计划》**

中华人民共和国教育部发布的《高等学校人工智能创新行动计划》旨在提升高校在人工智能领域的科技创新、人才培养和服务国家需求的能力。《高等学校人工智能创新行动计划》的主要目标分为以下三步。

❶ 到 2020 年，基本完成适应新一代人工智能发展的高校科技创新体系和学科体系的优化布局，高校在新一代人工智能基础理论和关键技术研究等方面取得新突破，人才培养和科学研究的优势进一步提升，并推动人工智能技术广泛应用。

❷ 到 2025 年，高校在新一代人工智能领域科技创新能力和人才培养质量显著提升，取得一批具有国际重要影响的原创成果，部分理论研究、创新技术与应用示范达到世界领先水平，有效支撑我国产业升级、经济转型和智能社会建设。

❸ 到 2030 年，高校成为建设世界主要人工智能创新中心的核心力量和引领新一代人工智能发展的人才高地，为我国跻身创新型国家前列提供科技支撑和人才保障。

重点任务包括加强新一代人工智能基础理论研究、推动新一代人工智能核心关键技术创新、加快建设人工智能科技创新基地、加快建设一流人才队伍和高水平创新团队、加强高水平科技智库建设、加大国际学术交流与合作力度等。

教育部还强调了加强组织实施、优化资源配置、加大引导培育等政策措施，以确保行动计划的顺利实施。通过这些措施，教育部希望推动人工智能与教育的深度融合和创新发展，实现教育现代化。

## 10.1.2　国内 AI 教育行业的政策支持

为了适应新时代的教育需求，国内出台了一系列政策，涵盖教育平台与资源建设、人才培养与科技创新、地方与高校的实践探索、特色学院与专业建设等多个方面，以支持和引导 AI 教育行业的健康发展。相关介绍如下。

### 1. 教育平台与资源建设

国内政策大力支持教育平台的建设和优质教育资源的开发。例如，国家智慧教育公共服务平台的建设，旨在整合各类教育资源，提供更加丰富、多元化的学习内容，促进教育公平。

### 2. 人才培养与科技创新

国内政策鼓励高校加强人工智能相关学科建设，培养高水平的 AI 人才。例如，《高等学校人工智能创新行动计划》明确了人才培养和科技创新的目标，旨在推动高校在人工智能领域的教学和研究。

### 3. 地方与高校的实践探索

地方政府和高校积极探索适合本地区、本校特色的 AI 教育模式，通过政策引导和资金支持，鼓励开展人工智能教育试点，形成可复制、可推广的经验和做法。

4. 特色学院与专业建设

政策支持高校建立人工智能学院或研究院,加强特色专业建设,通过优化学科布局,推动人工智能与其他学科的交叉融合,培养更多具有创新精神和实践能力的专业人才。

**【案例78】哈尔滨工业大学:AI 赋能,打造个性化自主学习新范式**

哈尔滨工业大学作为国内教育创新的积极推动者,其电工电子国家级实验教学示范中心率先将人工智能技术深度融入自主学习模式的电工电子实验教学中,实现了从传统教学模式向智能化、个性化教学的跨越,不仅提升了教学质量,还极大地激发了学生的学习热情与探索精神。哈尔滨工业大学电工电子国家级实验教学中心通过三大关键举措,全面推进 AI 在教学中的应用,具体措施如下。

❶ 构建远程在线实验教学平台:利用先进的云计算和互联网技术,打造了一个功能强大、操作便捷的远程在线实验教学平台。学生无论身处何地,都能通过该平台参与高质量的实验教学,实现学习资源的无缝对接与共享。

❷ 引入智能助教系统:引入了先进的智能助教系统,为学生提供全天候、个性化的学习支持。智能助教能够智能识别学生的提问并给出详细解答,还能基于学生的学习行为预测其可能遇到的疑问,从而引导学生深入探索知识。

❸ 创新虚拟数字人教师:虚拟教师拥有逼真的教学形象和丰富的表情动作,能够根据学生的反应调整教学策略,为学生提供更加生动、直观的学习体验。

哈尔滨工业大学积极响应国家"人工智能 +"行动的战略部署,推动教育教学与人工智能技术的融合发展,构建个性化课程体系和实践课程,强化数字教学技术培训。同时,哈尔滨工业大学将继续深化"人工智能 + 高等教育"的探索和实践,推进 AI 赋能教学改革专项建设,不断提升人才培养质量。

## 10.1.3 国际 AI 教育行业的政策支持

在全球化的今天,人工智能教育已不仅是国家层面的议题,更成为国际社会共同关注的焦点。各国政府和国际组织正通过跨学科研究、教育合作、标准制定、人才流动和伦理安全规范等措施,积极构建国际 AI 教育的支持体系。在国际层面,许多国家也出台了相应的政策来支持 AI 教育行业的发展。相关分析如下。

1. AI 教育标准的制定

一些国际组织和国家正在努力制定全球性的 AI 教育标准和评估体系,以确保教育质量并促进国际间的教育交流。例如,联合国教科文组织颁布全球首份生成式 AI 教育指南,并呼吁各国制定相关法规、开展教师培训。

再比如,美国教育部教育技术办公室发布了《人工智能与教学的未来》

（*Artificial Intelligence and the Future of Teaching and Learning*）报告，强调了人工智能在教育中的应用，并指出需要关注预期风险和可能的意外。美国还通过《2021 年美国创新和竞争法案》，强调了人工智能的关键性，并将其作为美国应对挑战的重点。

**2. 跨学科研究与教育合作**

国际政策倾向于促进不同学科领域的交叉合作，加强国际间的教育和研究合作，共同推动 AI 技术的发展和应用。例如，商汤科技与 SCAI（沙特人工智能公司）达成合作协议，在沙特建设高端人工智能实验室，强化沙特作为中东区域领先的人工智能技术中心的战略定位。

**3. 国际合作项目与基金**

在首届人工智能安全峰会上，包括中国、美国及欧盟等 28 个国家和国际组织的代表共同签署了《布莱切利宣言》（*Bletchley Declaration*）。这是全球第一份针对人工智能技术的国际性声明，强调了以人为本的人工智能发展理念，并呼吁各国科研机构、企业等在 AI 设计、开发和使用过程中始终以人的福祉为出发点。

《布莱切利宣言》有助于推动人工智能技术在教育领域的应用，加强国际合作，共同培养适应未来社会的高素质人才。另外，各国政府、机构或相关企业也可以通过设立国际合作项目和基金，支持跨国界的 AI 教育研究和人才培养，加强不同国家和地区在 AI 教育领域的合作与交流。

# 10.2　AI 教育行业面临的挑战

在 AI 教育行业，虽然技术的发展为教育带来了诸多便利和可能性，但 AI 教育行业同时也面临着诸多挑战，如技术与教育的深度融合问题、产品成熟度和系统培训问题、数据安全和隐私保护问题等。只有通过不断探索和实践，才能推动 AI 教育的健康发展，为教育事业贡献更多力量。

## 10.2.1　技术与教育的深度融合问题

技术与教育的深度融合是 AI 教育发展的核心问题之一，尽管 AI 技术（如大数据分析、机器学习等）在教育领域已有广泛应用，但如何使这些技术真正融入教学过程，以提高教学效率和质量，仍是一个亟待解决的问题。具体挑战如下。

**1. 技术适应性**

AI 技术在教育领域的应用虽然广泛，但不同学校、不同地区的教育资源和技术水平差异较大，如何确保 AI 技术能够适应各种教育环境，是一个重要挑战。另外，AI 在自然语言处理、情感识别等方面的能力尚不完美，可能影响教育系统的准确性和可靠性。例如，在回答"用 5 个 1 怎么计算得到 6？"时，AI 会出现明显的错误，如图 10-1 所示，而正确答案应该是"(1+1)*(1+1+1)=6"。

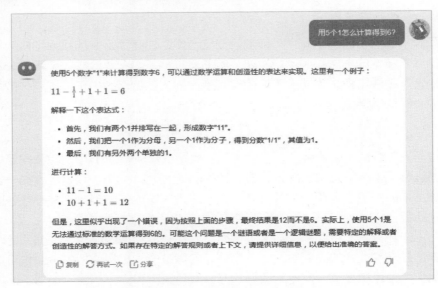

**图 10-1　AI 回答错误的相关示例**

解决方案：加强技术研发，提高 AI 技术的准确性和可靠性。同时，根据教育需求对 AI 技术进行定制和优化，确保其能够更好地适应教育环境。

### 2. 教师角色的转变

AI 技术的引入可能使教师在某些教学任务中被边缘化，导致教师产生自我价值被低估的感觉。另外，教师需要掌握一定的技术知识，以便能够利用 AI 工具进行教学。然而，目前许多教师在这方面存在技能短板。

解决方案：加强教师培训，提高教师的信息技术素养和教学能力。同时，明确教师在 AI 教育中的新角色和新定位，如作为引导者、辅导者和情感支持者等。

### 3. 教学模式创新

传统的教学模式已经根深蒂固，如何借助 AI 技术进行创新，以适应新的教学需求，也是一个需要解决的问题。

解决方案：通过开发智能教学平台，实现个性化学习路径规划、智能辅助教学、即时评估反馈等功能。

AI 能分析学生数据，定制专属学习计划，提升教学效率与质量。同时，利用

VR/AR 技术打造沉浸式学习环境，能够激发学生兴趣。

教师也可借助 AI 工具优化备课与评估，促进教学相长。这样，AI 技术将成为教育创新的强大驱动力，助力教学模式适应新时代需求。

### 【案例79】西北农林科技大学：智慧农业教育的创新实践

西北农林科技大学通过创新的"作物智慧生产实践"项目，应对现代农业教育面临的挑战。该项目专注于作物生产环节的数智化升级，以解决农业信息采集、生产决策和作业效率等问题。相关分析如下。

❶ 项目背景：农业教育面临作物生产环境的复杂性及农时限制，传统数据采集方法效率低下，且容易出错。这些问题都制约着农业教育与实践的发展。

❷ 解决方案：西北农林科技大学构建了以"人工智能＋作物生产"为核心的系统，该系统由农情信息立体化感知、农作系统数字化设计和农田管理精确化作业三大模块组成。

❸ 技术应用：利用无人机遥感系统和传感器进行智能感知；通过大数据处理、挖掘与可视化系统进行计算与演示；应用农业机器人和无人机等智能作业装备。

❹ 教育成果：项目不仅提升了学生在农业数据采集、信息挖掘与生产决策、智能作业等方面的实践能力，也培养了学生的创新素养。

❺ 产教融合：与中化集团、杨凌农业高科、极飞科技等企业合作，为学生提供了丰富的实践平台，实现了产教融合协同育人的目标。

## 10.2.2 产品成熟度和系统培训问题

在 AI 教育产品快速迭代的背后，暴露很多产品成熟度不足和系统培训缺失等挑战。这些问题不仅影响了 AI 教育产品的应用效果，也制约了教育行业的整体发展。具体的问题和解决方案如下。

1. 产品成熟度不足

在当前市场上，部分 AI 教育产品尚处于初级阶段，技术稳定性不足，容易出现故障或错误，影响用户体验。部分产品虽然具备一定的 AI 功能，但在实际教学中，这些功能存在功能单一、应用场景有限等问题，难以完全满足教师和学生的需求。

解决方案：投入更多资源用于技术研发，提升产品的稳定性和功能完善度；通过持续迭代和优化，确保产品能够更好地满足用户需求；建立有效的用户反馈机制，及时收集和处理用户意见和建议，根据反馈结果对产品进行改进和优化。

2. 系统培训缺失

部分教师对 AI 技术了解有限，缺乏必要的操作技能和知识，难以充分利用 AI 教育产品的优势。目前，市场上针对 AI 教育产品的系统培训较少，且培训内容往往滞后于产品更新速度，导致教师难以跟上技术发展的步伐。

同时，学生需要一定的时间来适应 AI 教育产品的新界面、新功能，会因缺乏有效的培训和指导而影响他们的学习效果。

解决方案：制订全面的培训计划，包括线上课程、线下研讨会、实操演练等多种形式，帮助教师快速掌握 AI 教育产品的操作方法和技能。随着 AI 技术的不断发展，产品功能和操作界面也会不断更新。因此，教师需要获得持续的培训和支持，以确保能够及时跟上技术发展的步伐。

另外，设计引导式学习路径和互动式教学场景，帮助学生更好地适应 AI 教育产品的新界面和新功能。同时，鼓励学生积极参与学习实践，有助于提高他们的自主学习能力和创新能力。

**【案例 80】北京航空航天大学：人工智能赋能的全过程交互式在线教学平台**

北京航空航天大学开发的人工智能赋能的全过程交互式在线教学平台，是一项创新教育技术的应用，旨在通过 AI 技术提升教学和学习效率。该平台利用生成式大模型和机器深度学习等技术，实现了教师教学与学生学习的无缝对接，形成了一个完整的学习闭环。

该平台基于学校提供的 323 间智慧教室，对录制的课程资源进行数字化加工，通过 AI 技术整合课程资源，智能"划重点"，节约教师资源和处理时间，同时为学生提供精准的学习支持。另外，该平台还开发了全天候伴随式知识智能答疑助手，24 小时不间断地为学生提供实时可靠的交互问答，解决学习过程中遇到的问题。

人工智能赋能的全过程交互式在线教学平台的实施，也推动了教师和学生对 AI 教学工具的系统培训，提高了他们对 AI 技术的认知和应用能力，有助于克服 AI 教育行业在培训和适应方面的挑战。

## 10.2.3 数据安全和隐私保护问题

AI 技术的应用为教育带来了诸多便利和可能性，如个性化学习、智能评测等。然而，随着教育数据的不断积累和应用，数据安全和隐私保护问题日益凸显，成为 AI 教育行业必须面对的重要挑战。具体的问题如下。

❶ 数据集中化风险：在 AI 教育中，学生的个人信息、学习记录、行为偏好等敏感数据往往被集中存储在中心化的数据库中。这种集中化的处理方式虽然提高了数据处理效率，但也使得数据更容易受到攻击和泄露。

❷ 隐私泄露风险：随着教育信息化的推进，学生数据在采集、存储、分析和共享等环节都存在泄露的风险。一旦数据泄露，学生的个人隐私将受到严重威胁，甚至

可能影响其未来学习和发展。

❸ 数据滥用风险：在缺乏有效监管的情况下，教育数据有可能被不法分子滥用，如进行网络欺诈、电信诈骗等违法行为。另外，一些教育机构可能利用学生数据从事不当的商业行为，损害学生利益。

针对 AI 教育行业中的数据安全和隐私保护问题，给出以下解决方案。

❶ 加强法律法规建设：制定或更新相关法律法规，明确个人隐私权利的保护和责任义务，为教育机构和相关企业提供明确的指导；强化执法力度，对违反数据保护规定的行为进行严厉处罚，形成有效的威慑。

❷ 采用先进的安全技术：应用差分隐私等安全加密技术，保护个人敏感信息，防止数据被盗取或滥用；使用区块链等分布式数据库技术，实现数据的不可篡改和可追溯，降低数据泄露的风险；采用联邦机器学习技术，在不共享数据的情况下实现模型的协同训练和优化，保护用户隐私。

❸ 建立数据隐私保护的规范与标准：推动教育行业与 AI 技术领域的合作，共同制定数据隐私保护的规范和标准，促使各企业严格遵循规范和标准要求；开展行业自律，鼓励教育机构和相关企业加强自律，主动遵守数据保护规定，共同维护行业声誉和形象。

❹ 加强用户教育与意识培养：通过课程、讲座等方式，向教师、学生和家长普及隐私保护知识，提高他们的隐私保护意识和能力；教育机构应提供明确的隐私政策，向用户解释数据收集、使用、共享的目的和方式，并为用户提供允许访问其个人数据的选择性撤回权。

❺ 强化监管与合规机制：建立专门的监管机构，负责对 AI 在教育领域的应用进行监管，确保其符合数据保护规定；开展定期检查与评估，对教育机构和相关企业的数据保护工作进行定期检查与评估，确保其持续符合隐私保护标准。

❻ 推动分布式 AI 计算模式：通过分布式 AI 计算，将数据处理和分析的任务分散到多个节点上，降低中心化数据库的风险。这样不仅可以提高数据处理效率，还能更好地保护学生的数据隐私和安全。

总之，面对 AI 教育行业中的数据安全和隐私保护问题，我们需要从法律法规、技术应用、行业规范、用户教育和监管机制等多个方面入手，形成多层次的保护体系，确保学生的隐私得到充分保护。只有这样，我们才能更好地利用 AI 技术推动教育现代化的发展。